Karl-Heinz Strache / Das Denken in Standards

Schriften zur Rechtstheorie

Heft 12

Das Denken in Standards

Zugleich ein Beitrag zur Typologik

Von

Dr. Karl-Heinz Strache, LL.M.

DUNCKER & HUMBLOT / BERLIN

Alle Rechte vorbehalten
© 1968 Duncker & Humblot, Berlin 41
Gedruckt 1968 bei Alb. Sayffaerth, Berlin 61
Printed in Germany

Vorwort

Die Bemühungen um methodologische Fragen haben in den letzten Jahren sowohl in der zivil- wie in der öffentlich-rechtlichen Lehre erheblichen Aufschwung erfahren. In der vorliegenden Arbeit wird die logische Struktur und die Handhabung einer bestimmten Kategorie von Rechtsnormen untersucht, deren Besonderheit zuerst in der amerikanischen Doktrin erkannt wurde und die bei uns gemeinhin den „Wert"- oder „offenen" Tatbeständen zugerechnet werden. Diese Standardnormen haben im Gegensatz zu den begriffslogisch gefaßten Rechtsregeln typologische Struktur. Ihre Handhabung geschieht daher nicht im Wege des syllogistischen Schlusses, sondern durch typologische Zuordnung. Dieses Verfahren, das für das anglo-amerikanische Rechtsdenken kennzeichnend ist, wird in Wahrheit auch in unserem Rechtskreis überall dort angewandt, wo die Rechtsordnung nicht in begriffslogisch fixierten Rechtsregeln kristallisiert ist. Seine Bedeutung für die Konkretisierung des weitgehend durch mangelnde Dichte ausgezeichneten Verfassungsrechts wird damit erkennbar.

Die Arbeit hat im Wintersemester 1966/67 der Juristischen Fakultät der Universität München als Dissertation vorgelegen. Sie wurde angeregt und betreut von Herrn Professor Dr. Peter Lerche, dem ich aufrichtig danken möchte für die überaus wohlwollende und großzügige Förderung, die er der Arbeit angedeihen ließ, obwohl sie entgegen der ursprünglichen Intention dem Verfassungsrecht nur zu einem geringen Teil gewidmet ist. Wesentliche Anregungen gehen zurück auf einen einjährigen Studienaufenthalt an der Juristischen Fakultät der Harvard Universität, deren Mitgliedern auch an dieser Stelle mein besonderer Dank gilt.

Düsseldorf, im November 1967

Karl-Heinz Strache

Inhalt

I. Einleitung 9

    Zur vorläufigen Bestimmung des Standard-Begriffs 9

II. Die logische Struktur des Standard — der Typus 19

    1. Der Typusbegriff 19

    2. Die logische Struktur des Standard — Ergebnis 64

III. Das Denken in Standards als juristische Methode 67

    1. Einleitung: Die Normativität der rechtlichen Standards 67

    2. Der Ort der Standards im kodifizierten Recht: Die Wertbegriffe .. 68

        a) Standards und Wertbegriffe 68

        b) Die logische Struktur der Wertbegriffe 69

    3. Zur Methodik des typologischen Rechtsdenkens 78

    4. Die Besonderheiten des Standarddenkens 92

    5. Standards und Interpretationsmethoden 100

IV. Standards im Verfassungsrecht 111

    1. Der Bereich der verfassungsrechtlichen Standards 111

    2. Schlußfolgerungen: Verfassungskonkretisierung durch Standarddenken 116

Literaturverzeichnis 123

I. Einleitung
Zur vorläufigen Bestimmung des Standard-Begriffs

Die vorläufige Bestimmung unseres Untersuchungsgegenstandes kann einsetzen bei dem allgemeinen Sprachgebrauch dieses aus dem Englischen[1] entlehnten Fremdwortes: wir verstehen unter „Standard" die Durchschnittsbeschaffenheit von Gegenständen, ein Richtmaß, einen Normalmaßstab[2].

In der vorliegenden Arbeit wird der Begriff des Standard in der Anwendung auf soziales Verhalten verwendet werden. In dieser Bedeutung als „rechtlicher Normalmaßstab sozialen Verhaltens" ist der Begriff in der amerikanischen Rechtsdoktrin entwickelt worden und hat, nachdem ihm bereits in der französischen Lehre einige Beachtung zuteil geworden war, nunmehr auch Eingang in die deutsche Rechtsliteratur gefunden.

Aufschluß über die Bedeutung des Standard-Begriffs in der amerikanischen Literatur gibt bereits Oliver Wendell Holmes' berühmtes, im Jahre 1881 erstmals erschienenes Buch „The Common Law". Holmes gebraucht den Ausdruck im Zusammenhang seiner Darstellung des Deliktsrechts bei der Beschreibung des Fahrlässigkeitsmaßstabes i. S. unseres § 276 BGB: Voraussetzung für die Feststellung fahrlässigen Verhaltens eines Beklagten sei, „that his alleged conduct does not come up to the legal standard". Dieser Standard sei der täglichen Erfahrung zu entnehmen, über die das entscheidende Gericht häufig selbst nicht in genügendem Maße verfüge. Daher helfe es sich, indem es die Entscheidung der Jury, der zwölf „reasonable men ... taken from the practical part of the community" übernehme[3]. Dabei sei zweifelhaft, ob das Gericht bei häufig wiederkehrenden ähnlichen Sachverhalten die Fest-

---

[1] Vgl. z. B. The New American Webster Dictionary, sub „Standard": „a basis for comparison, a criterion, measure"; The Pocket Oxford Dictionary, sub „Standard": „specimen or specification by which the qualities required by average specimens, serving as test corresponding to the standard of recognized authority or prevalence".

[2] Vgl. etwa *Trübners* Deutsches Wörterbuch; *Mackensen*, Deutsches Wörterbuch; *Heyse*, Fremdwörterbuch; Langenscheidts Deutsches Wörterbuch, jeweils sub „Standard".

[3] a.a.O., S. 122.

stellung des Standard für immer der Jury überlassen müsse. Da es jeweils nur eine richtige Entscheidung geben könne, müsse sich das Problem in solchen Fällen ein für alle Mal erledigen lassen. Zwar könnten Standards sich verändern und müßten fortwährend der Erfahrung angepaßt werden, doch sei dies ein langsamer Prozeß: „... the standards for a very large part of human conduct do not vary from century to century"[4].

Eine grundsätzlichere[5], von dem Hintergrund des Deliktsrechts abgelöste Untersuchung hat Roscoe Pound dem Phänomen des Standard gewidmet[6]. Pound definiert Standards als „legally defined measures of conduct, to be applied by or under the direction of tribunals"[7]. Als Beispiele führt er neben dem von Holmes erörterten Standard der „due care" des Deliktsrechts den „reasonable service" im Recht der öffentlichen Einrichtungen (public utilities), den „standard of reasonableness" der Handelsbeschränkungen (restraints of trade) im Anti-Trust-Recht, und schließlich den „due process of law" des 5. und des 14. Amendments der Bundesverfassung an. Das Phänomen des Standard habe es aber bereits im klassischen römischen Recht, etwa in Gestalt der bona fides und der diligentia pater familias gegeben.

Pound hebt hervor, daß alle Standards Ausdruck einer allgemeinen Idee der „reasonableness or fairness" seien. Ihre Anwendung erfordere daher eher „common sense or the average moral judgment" als „deductive logic" und führe je nach Zeit, Ort und Umständen zu verschiedenen Ergebnissen. In dieser Hinsicht unterschieden sie sich von der „rule", der „strikten", ein für alle Mal feststehenden Rechtsregel, die mechanischer Anwendung auf Grund „unausweichlicher Logik" fähig sei[8].

Die „Rule" sei das adäquate Mittel zur Gestaltung der Gebiete des Vermögens- und Sachenrechts, des Rechts der geschäftlichen Transaktionen und des Strafrechts, in denen es vor allem auf Unparteilichkeit und Rechtssicherheit ankomme. Standards verwende die Rechtsordnung dagegen dort, wo die besonderen Umstände des Einzelfalles in Betracht gezogen werden müßten, nämlich bei der Beurteilung des Verhaltens von Individuen, Wirtschaftsunternehmen und staatlicher Organe[9]. Standards seien historisch späte Erscheinungen der Rechtsentwicklung; so seien die Standards des römischen Rechts in dessen klassischer Periode und die des amerikanischen Rechts erst gegen Ende des vorigen Jahr-

---

[4] S. 126.
[5] Soweit ersichtlich: die einzige der amerikanischen Literatur.
[6] In: Reports of the American Bar Association, Bd. 44, 1914, S. 445 ff.
[7] S. 456.
[8] S. 451.
[9] Ebenso ders. in: 36 Harvard Law Review 1923, 940 ff., 952 f.

hunderts entwickelt worden. Die bis dahin vorherrschende Praxis der amerikanischen Gerichte, bestimmte feste Regeln für die Feststellung fahrlässigen Verhaltens im Deliktsrecht aufzustellen — z. B. die „Stop- Look- and-Listen-Rule" für das Überqueren von Bahnübergängen — zeugten von ihren Versuchen, menschliches Verhalten festen, konkreten Regeln zu unterwerfen und von ihrem Mißtrauen gegenüber den Standards.

Die bei der Aufstellung von Regeln notwendige Eliminierung der besonderen Umstände mache diese jedoch ungeeignet dafür, einen „practical compromise between the interests of the several participants in the infinitely variable situations of human conduct" zu liefern. Standards würden dagegen weder durch generalisierende Eliminierung der Umstände, doch durch „particularization", d. h. durch deren Aufnahme in einen Tatbestand, gebildet. Statt dessen suche das Recht „to formulate the general expectation of society as to how individuals will act in the course of their undertakings"[10]. Die Funktion des Standard bestehe darin, Jury, administrative Expertenkommission und Gericht bei der Anwendung ihres durch Erfahrung gewonnenen „common sense" oder ihrer „expert intuition" auf den konkreten, einzigartigen Fall anzuleiten. So sei beispielsweise der „due process of law" keine abstrakte Konzeption, aus der man absolute, zu jeder Zeit gültige Schlüsse auf die Wirksamkeit von Gesetzen ziehen könne. Vielmehr sei er ein Standard, der das Gericht bei der Aufrechterhaltung der durch die Bill of Rights dem Individuum garantierten Ansprüche gegen den Gesetzgeber zu leiten habe, der anzuwenden sei im Hinblick auf die besonderen Gegebenheiten der Zeit, des Ortes und der öffentlichen Meinung, in der das Gesetz wirken solle. Da es sich bei der Anwendung der Standards also nicht um eine Sache der reinen Logik handele, werde die lange Reihe der 5 : 4-Entscheidungen des Supreme Court in den due-process-Fällen verständlich.

Die Bedeutung der Intuition bei der Anwendung der Standards führe im übrigen kaum zu einer Einbuße an Rechtssicherheit: der Instinkt des erfahrenen Experten arbeite mit Gewißheit. Schwerer wiege die Gefahr, daß Gerichte und Expertenkommissionen bei der Anwendung von Standards „crystallize particular applications to particular cases into rules and thus destroy the standard"[11].

Der hier besonders hervorgehobene Gegensatz von rule und standard[12] ist in der Folgezeit in der amerikanischen Literatur mehr oder

---

[10] S. 457.
[11] S. 463.
[12] Vgl. auch *Pound*, An Introduction to the Philosophy of Law, S. 55 ff.; ders. in: Harv. L. R., a.a.O., S. 046, 951.

weniger verwischt worden[13]. Beide Begriffe werden manchmal synonym gebraucht[14], oder der Standard wird definiert als kleinste Einheit des Rechts („unit of law"), d. h. etwa unserem Begriff der „Norm" in der Auffassung des Rechts als „Normsumme"[15] entsprechend[16]. Wissenschaftlicher Untersuchung ist der Standard-Begriff in der amerikanischen Literatur — soweit ersichtlich — nicht mehr unterzogen worden.

Dagegen hat er in der französischen Doktrin im Anschluß an die Arbeiten Pounds Interesse gefunden[17], und zwar gerade in der Abgrenzung von der „rule", der „règle de Droit".

Der Standard wird im Anschluß an Pound definiert als „mesure moyenne de conduite sociale correcte"[18]. Dabei wird das Hauptgewicht auf den Mangel an fester Form, auf die Beweglichkeit des Standard im Gegensatz zur „fixité", zur „formule rigide" der „règle" gelegt. Der Standard, „souple et changeant", repräsentiere „l'élément de mobilité" im Recht[19]. Er sei ein „instrument qui ne lie pas le juge et qui est

---

[13] In dem hier gemeinten Sinne als „Normalmaßstab sozialen Verhaltens" wird der Standard-Begriff gebraucht etwa bei *Cardozo*, The Nature of the Judicial Process, S. 112, der die „accepted standards of the right conduct" zu den „forces which ... shape the progress of the law" zählt; ders. — als Supreme Court Justice — in Pocora v. Wabash Railway Co., 292 U.S. 98 ff., 104: „Standards of prudent conduct"; weniger deutlich ders. in: The Growth of the Law, S. 52: „norms or standards of behavior"; weiter auch *Chroust*, Essays in Honor of Roscoe Pound, S. 70 ff., 80, N.4: „A legal standard is a measure of conduct, to be applied according to the circumstances of each individual case"; *Stone*, ebenda, S. 696 ff., 708.; Black's Law Dictionary, sub „Standard": „Standards established by law: that of a reasonable man under like circumstances"; demgegenüber untechnisch, d. h. nur im Sinne des allgemeinen Sprachgebrauchs: Corpus Juris Secundum, Vol. 81, sub „Standard", und Ernst *Freund*, Standards of American Legislation, passim, bes. S. 137 u. 248.
[14] Vgl. z. B. *Bodenheimer*, 46 Cornell L. Q. 1960, S. 1 ff., 6.
[15] Also im Sinne des von Carl *Schmitt*, Über die drei Arten des rechtswissenschaftlichen Denkens, bes. S. 12 kritisierten normativistischen Denkens.
[16] *Shartel*, Our Legal System and How it Operates, S. 39 ff. Dabei wird der Standard als „legal unit" nur von der Funktion der Kontrolle von Verhalten her verstanden, was bei manchen Rechtsgebieten, etwa dem Steuerrecht oder dem Erziehungswesen, naturgemäß nur auf logischen Umwegen möglich ist, vgl. bes. S. 98 ff. Dagegen zu Recht W. G. *Becker*, Gegenopfer und Opferverwehrung, S. 229. Unzutreffend demgegenüber die Charakterisierung des Gebrauchs des Standard-Begriffs durch Shartel bei *Esser*, Grundsatz und Norm, S. 96.
[17] Al *Sanhoury*, Le Standard juridique, in: Recueil Geny, T. 2, S. 144 ff., ders. Les restrictions contractuelles à la liberté individuelle de travail dans la jurisprudence anglaise, T. I, S. 20 ff., *Hauriou*, in: Rev. trim. de Droit Civil, T. 25, 1926, S. 265 ff.; *Stati*, Le standard juridique; eine spanische Arbeit, ebenfalls im Anschluß an *Pound*: José Puig Brutau, La jurisprudencia como fuente del Derecho, S. 205 ff.
[18] Al *Sanhoury*, Recueil Geny, S. 145; *Hauriou*, a.a.O., S. 271; *Stati*, a.a.O., S. 54, verwendet (ohne Erläuterung) die Bezeichnung „type moyen de conduite sociale correcte".
[19] *Hauriou*, S. 269.

destiné à le guider dans l'administration du Droit et à lui donner une idée de son but et de sa finalité"[20]. Der Standard lasse dem Richter die „liberté d'action", er räume ihm einen „certain pouvoir discretionnaire" ein[21], der es ihm sogar erlaube, sich seine Standards selbst zu bilden oder unter mehreren den ihm passend erscheinenden auszuwählen[22]. Dabei komme es naturgemäß nicht auf abstrakte Logik oder juristisches Können an, sondern allein auf die Erfahrung in den zur Entscheidung stehenden sozialen Fragen[23].

Die freirechtliche Tendenz dieser Auffassung führt auch zu einer Erweiterung der dem Standard zugesprochenen allgemeinen Gehalte. Während nach Holmes und Pound allgemeine Ideen der „reasonableness" und „fairness" den Standards zugrunde liegen, wird in den Arbeiten der französischen Lehre daneben die Zweckmäßigkeit („opportunité") als Grundlage der Standards genannt oder — neben der „rationalité" — selbst als oberster Standard bezeichnet[24]. Unter dieser Auffassung rückt der Standard in die Nähe der „directive": teilweise wird dieses Wort zur Übersetzung des englischen „Standard" benutzt[25] oder beide Begriffe werden ausdrücklich gleichgesetzt und der Ausdruck „élément standard-directive" verwendet[26]. Wo eine Abgrenzung versucht wird, wird der Standard zum allgemeinen Gesichtspunkt der „Vernünftigkeit", der zum Feststellen und Einordnen der ein bestimmtes Problem konstituierenden Fakten führt. Die „directive" stellt dann die auf dieser Grundlage nach Zweckmäßigkeitsgesichtspunkten gefundene Lösung dar[27].

Der Standard-Begriff hat damit in der französischen Lehre eine Aufweichung erfahren, die als Rückschritt gegenüber den amerikanischen Vorbildern gewertet werden muß[28]. Waren in der ursprünglichen amerikanischen Auffassung die Standards normative Maßstäbe in Gestalt

---

[20] Al *Sanhoury*, Restrictions contractuelles, S. 23.
[21] *Stati*, S. 54.
[22] *Hauriou*, S. 268 f.
[23] *Stati*, S. 43; *Hauriou*, S. 271.
[24] *Hauriou*, S. 270 f.
[25] So von Al *Sanhoury*, Restrictions contractuelles, passim.
[26] *Stati*, S. 143; *Maury*, Recueil Lambert, T. 1, S. 420 ff.
[27] Vgl. *Hauriou*, a.a.O., S. 269 f. und im Anschluß an diesen die Formulierungen *Waline's* in: L'année politique française et étrangère, Bd. 5, 1930, S. 41 ff., 44, der unter Standard versteht: „tout raisonnement, toute considération par lesquels un juge, un administrateur, se déterminent habituellement à statuer dans tel sens à prendre une décision d'un certain type"; unter „directive": „la mise en application du standard et la solution-type à laquelle celui-ci a amené le juge ou l'administrateur". Unrichtig die Darstellung der in Rede stehenden Unterscheidung Haurious bei *Esser*, a.a.O., S. 97, N. 35.
[28] Kritisch zur freirechtlichen Tendenz der Lehre vom „élément standard-directive" auch *Maury*, a.a.O.

von akzeptierten, in der sozialen Wirklichkeit existenten Wertungen, auf die die Rechtsordnung zur Beurteilung konkreten Verhaltens verweist[29], so wird in der französischen Doktrin der Standard in der Abwehr gegenüber der begriffsjuristisch verstandenen[30] „règle" zum bloßen allgemeinen Leitgedanken zweckrationaler Gestaltung der sozialen Wirklichkeit. Zwar ist diese Tendenz bereits bei Pound, in der Betonung der Bedeutung der Intuition und der sozialen Erfahrung bei der Anwendung der Standards angelegt. Aber seine französischen Nachfolger gehen über ihn, den Begründer der Lehre vom „social engineering", der „Sociological Jurisprudence"[31] hinaus. Jede objektive Bindung, wie sie bei Pound in der Auffassung der Standards als Ausdruck der „general expectation of society" anklingt, wird aufgegeben. Nachdem die Zweckmäßigkeit zum Standard erhoben und dem Richter die Befugnis zugesprochen wurde, sich seine Standards selbst zu bilden, bzw. auszuwählen, wird folgerichtig seine Fremdgebundenheit („hétérolimitation") durch die Standards teilweise ausdrücklich verneint[32]. Der Standard wird verstanden als Produkt einer Selbstbindung („autolimitation du pouvoir") des Gerichts oder der Verwaltungsbehörde[33], doch wird dieser an sich fruchtbare Gedanke[34] über die vage Formulierung allgemeiner Verhaltensrichtlinien nicht hinausgeführt[35].

Der Maßstabcharakter des Standard, seine Bedeutung als reales Musterbild sind zwar in Einzelformulierungen wie den Definitionen als „mesure moyenne" oder „type moyen de conduite"[36] noch angedeutet. Sie werden aber verdrängt durch die enthusiastische Betonung seiner „souplesse", des Bewegungsraumes freier sozialgestaltender Tätigkeit, die er dem Richter oder Verwaltungsbeamten gewähre, diesem eine größere Rolle bei der Rechtsfortbildung einräumend[37], jenen endgültig aus der ihm von Montesquieu[38] zugewiesenen untergeordneten Stellung erlösend.

---

[29] Vgl. die Formulierungen: „accepted Standards of right conduct" (Cardozo, oben N. 13), „conduct does not come up to the legal standard" (Holmes, o. S. 9) und „general expectation of society" (Pound, o. S. 11).
[30] s. bes. *Stati*, S. 53 f.
[31] Vgl. *Pound*, „The Scope and Purpose of Sociological Jurisprudence", 24 Harv. L. R. 591 ff. (1910); 25 Harv. L. R. 140 ff., 489 ff. (1911/12).
[32] *Hauriou*, a.a.O., S. 272, 285.
[33] *Hauriou*, a.a.O., *Stati*, S. 62, kritisch dazu *Maury*, a.a.O., S. 423 f.
[34] Vgl. dazu unten S. 90 ff.
[35] *Hauriou*, a.a.O., S. 312: die „autolimitation du pouvoir" erzeuge verschiedene Directiven, nämlich: „agir d'une façon normale, agir dans le sens de l'interêt générale, agir avec modération et mesure".
[36] *Stati*, S. 54, 143.
[37] *Hauriou*, a.a.O., S. 293 f.; *Stati*, a.a.O., S. 41 f., 110 unter Hinweis auf die amerikanischen Federal Trade und Interstate Commerce Commissions.
[38] Esprit des Lois, XI, 6.

Der Versuch, den Standard-Begriff erneut ergiebig zu machen, verspricht demgegenüber nur Erfolg, wenn er einsetzt bei der ursprünglichen amerikanischen Auffassung. Der Standard ist einerseits — entgegen der späteren amerikanischen Entwicklung — abzugrenzen von der „rule", der Norm im Sinne der tatbestandsmäßig fixierten Rechtsregel. Diese beruht in sich, ist in ihrem Gehalt losgelöst von der sozialen Realität; Standards sind dagegen Verweisungen der Rechtsordnung auf ein in der Lebenswirklichkeit befolgtes und akzeptiertes Normalverhalten. Andererseits ist eine Aufweichung des Begriffs abzuwehren, wie er sie bei den zitierten französischen Autoren — in der Angriffsstellung gegen die Begriffsjurisprudenz verständlicherweise — erfahren hat. Einmal würde die Stoßrichtung gegen begriffsjuristisches Denken heute offene Türen einrennen. Vor allem aber zeigen die zitierten französischen Arbeiten, daß eine solche Auffassung des Begriffs (abgesehen von der problematischen Aufgabe jeglicher Fremdbindung der richterlichen Gewalt) über allgemeine, blasse und daher unbrauchbare Formulierungen nicht hinausführt.

Demgegenüber erweist sich die Fruchtbarkeit des Standardbegriffes in der ursprünglichen Bedeutung als vorgegebener Verhaltensmaßstab im Völkerrecht in der Rechtsfigur des „International Minimum Standard". Dieser Internationale Standard bezeichnet den völkerrechtlich verbindlichen Normalmaßstab des Verhaltens der Staaten der Völkerrechtsgemeinschaft gegenüber Ausländern[39]. Dieses Minimum an Rechten, das dem Ausländer zu gewähren ist, ist nicht in starren Regeln festgelegt[40] und kann notwendigerweise nicht ein für alle Mal definiert werden. Der Internationale Standard ist vielmehr jeweils den in praxi herrschenden Anschauungen der zivilisierten Völker zu entnehmen[41]. Es ist evident, daß gerade im Völkerrecht durch diese Verweisung die Konkretisierung des Standardmaßstabes nicht den subjektiven Zweckmäßigkeitsvorstellungen der Mitglieder internationaler Gerichte oder Schiedskommissionen überlassen sein kann.

---

[39] Vgl. Andreas H. *Roth*, The Minimum Standard of International Law Applied to Aliens, passim; *Verdross*, „Les Règles Internationales concernant le Traitement des Etrangers," Ac. de Dr. Int., Recueil des Cours, Bd. 37 III, 1931, S. 327 ff., bes. 353; ders. „La jouissance et l'exercice des droits civils par rapport à la nationalité," Actes du Congrès Int. de Droit Privé, Bd. 2 der Reihe des Inst. für Privatrechtsvergleichung, 1951, 83 ff., 85; *Wengler*, Völkerrecht, Bd. II, S. 1004 ff. Der Internationale Standard gilt nicht unangefochten; teilweise wird der Grundsatz der Gleichbehandlung vertreten, vgl. *Wengler*, a.a.O.
[40] Die Tendenz zur Verfestigung zeigt sich aber offenbar in der teilweise vertretenen Gleichsetzung des International Standard mit den in der Charta der Vereinten Nationen formulierten Menschenrechten, vgl. *Wengler*, a.a.O.
[41] Vgl. *Roth*, a.a.O., S. 87: „The Minimum Standard is the expression of the common standard of conduct which civilized States have observed and still are willing to observe with regard to aliens."

In der gleichen, der ursprünglichen amerikanischen Auffassung hat der Standard-Begriff nunmehr insbesondere durch Essers Werk über Grundsatz und Norm[42] Eingang in die deutsche Rechtsliteratur gefunden[43]. Unter Hinweis auf die zunehmend farblose Verwendung in der amerikanischen Literatur wird der Standard-Begriff abgegrenzt von der Norm im allgemeinen Sinne, andererseits wird durch die Betonung seines Maßstabcharakters die Entwertung in der Auffassung als allgemeine Ermächtigung zu diskretionärer Zweckmäßigkeitsentscheidung abgewehrt[44]. Damit wird er zugleich unterschieden vom Prinzip, das in sich beruht und selbst keine Maßstäbe angibt. Als Beispiele für Standards nennt Esser eben der „reasonable care", „la bonne foi" und der „diligentia pater familias" unseren „Grundsatz" von Treu und Glauben, das ortsübliche Verhalten im Nachbarrecht, die Verkehrssitte eines bestimmten Berufskreises, die Maßstäbe des ordentlichen Kaufmanns, des lauteren Wettbewerbs, der Verkehrssicherheit usw. Die Feststellung Essers, daß der Standard überall dort, wo nicht ein axiomatisches Ableitungssystem juristischer Begriffsbildung bestehe, die zentrale Rolle bei der Normbildung spiele[45], deutet bereits auf die Möglichkeit fruchtbarer Verwendung des Standardbegriffs — in Parallele zu seiner Bedeutung im Völkerrecht — in den durch mangelnde Dichte gekennzeichneten Bereichen des Verfassungsrechts hin.

Im Anschluß an die von Pound entwickelte und nunmehr von Esser aufgegriffene Auffassung des Standardbegriffs ergibt sich damit seine vorläufige Bestimmung als realer, in der sozialen Wirklichkeit akzeptierter Normalmaßstab korrekten sozialen Verhaltens. Standards sind damit nicht bloße Blankettermächtigungen zu zweckmäßiger Gestaltung des Soziallebens. Vielmehr handelt es sich um vorgegebene Maßstäbe in Gestalt allgemein befolgter, als „normal" eingespielter Verhaltensweisen, an denen konkretes Verhalten zu messen ist. Die Blickrichtung beim Standard ist der bei der Ermächtigung diametral entgegengesetzt: Handeln im Rahmen einer Ermächtigung ist final bestimmt, ist orientiert am in die Zukunft projizierten Ziel, das es zu erreichen gilt. Beim Standard ist dagegen der Blick gleichsam rückwärts gewandt, standard-

---

[42] Grundsatz und Norm in der richterlichen Fortbildung des Privatrechts, S. 96 ff., 150 ff., 224, 335.
[43] Eine frühere Erwähnung findet sich in der Mainzer Dissertation von *Ohlmer*, Richterfreiheit und Begründungspflicht, S. 43. Vgl. weiter auch *Lerche*, Übermaß und Verfassungsrecht, S. 224, 245; ders. in DVBl. 1961, S. 690, 699; ders. in DÖV 1961, S. 486 ff., 488. Wohl mehr zufällig wird der Begriff „Standard" gebraucht bei *Maunz-Dürig*, Grundgesetz-Kommentar, Rnr. 46 zu Art. 19 IV. W. G. Becker, a.a.O., S. 229, 398 f., legt die Auffassung Shartels zugrunde, die er — wie erwähnt — zu Recht kritisiert.
[44] Vgl. *Esser*, a.a.O., S. 96 f.
[45] a.a.O., S. 97.

gemäßes Verhalten ist Erfüllung einer an die Vergangenheit geknüpften Erwartung[46].

Dieser Standard-Maßstab ist ein normativer, d. h. ein solcher nicht von bloß soziologisch aussagender, sondern rechtsverbindlich anordnender Wirkung[47]. Die Rechtsordnung knüpft Rechtsfolgen an die Übereinstimmung bzw. Nichtübereinstimmung konkreten Verhaltens mit dem allgemein eingespielten Verhaltensmuster und erhebt damit das vorrechtlich Normale zum rechtlich Gesollten.

Andererseits unterscheidet sich der Standard von der Rechtsregel („rule", „„règle de Droit") im Sinne des abstrakten, tatbestandsmäßig festgelegten Rechtssatzes, der im syllogistischen Schlußverfahren logisch nachprüfbar auf konkrete Sachverhalte angewendet werden kann. Die Regel ist grundsätzlich fixierbar, auch wenn sie möglicherweise mehrere verschiedene Auslegungen zuläßt, unter denen der Rechtsanwender eine durch seine historische Situation mitbestimmte Auswahl trifft. Standards dagegen sind wesensgemäß an die jeweils faktisch existenten Normalverhaltensweisen gebunden, damit aber historisch bedingt und fortwährendem Wandel unterworfen: die Beweglichkeit ist ein Wesensmerkmal des Standard.

Aber auch in anderer Richtung ist der Standard — gegenüber dem historischen Längsschnitt nun gleichsam in Querschnitt — unbestimmt. Auch in der gleichen historischen Situation ist das als Normal Verstandene nicht schroff abgegrenzt, der Übergang vom Normalen zum Anomalen ist fließend: es gibt das „bestimmt Normale", das „gerade noch Normale" bis hin zum „absolut Anomalen".

Historische Veränderlichkeit und Abgestuftheit haben zur Folge, daß unter Standards nicht im syllogistischen Schlußverfahren subsumiert werden kann[48]. Während die tatbestandsmäßig festgelegte Rechtsregel grundsätzlich durch Klassenbegriffe bestimmbar ist, wobei nur möglicherweise zweifelhaft sein kann, welche von mehreren Definitionen zutrifft, lassen sich Standards ihrer logischen Struktur nach nicht definieren. Nur von der historischen Realität ablösbare Vorstellungsgehalte können in abstrakte Allgemeinbegriffe gefaßt werden, deren Inhalt durch Angabe der sie bestimmenden notwendigen Merkmale definierbar ist. Standards bezeichnen dagegen ein Wissen, das „so oder auch anders sein kann", das notwendig an die historische Wirklichkeit gebunden ist und sich nicht scharf abgrenzen läßt.

---

[46] Vgl. die oben S. 11 zitierte Feststellung Pounds, der Standard bezeichne eine „general expectation of society".
[47] Vgl. *Esser*, a.a.O., S. 96, N. 34.
[48] Vgl. die oben S. 10 wiedergegebene Bemerkung Pounds, daß nicht „deductive logic" bei Anwendung der Standards erforderlich sei.

Die doppelte Unbestimmtheit des Standard kann nur im Typus, der neben dem abstrakten Klassenbegriff zweiten logischen Denkform des Allgemeinen erfaßt werden. Standards sind ihrer logischen Struktur nach Typen, sie sind Normaltypen korrekten Verhaltens[49].

Aus dieser logischen Struktur ergeben sich die Besonderheiten ihrer juristischen Handhabung, sie ist daher im folgenden näher zu untersuchen.

---

[49] Vgl. *Esser*, a.a.O., S. 97 im Anschluß an *Stati,* a.a.O., S. 54: „*type* moyen de conduite sociale correcte"; auch Brutau, a.a.O., S. 205: „Standards o *prototipos* de conducta"; die aber diese Kennzeichnung nicht weiter erläutern.

II. Die logische Struktur des Standard — der Typus

1. Der Typusbegriff

Der Typusbegriff ist — wie Engisch zu Recht feststellt[1] — derzeit in nahezu allen Wissenschaften zum Modebegriff geworden. In der Rechtswissenschaft ist geradezu eine Inflation dieses Wortes zu befürchten[2], das in fast allen Rechtsbereichen gebraucht wird[3]. Aus dieser Vielfalt ergibt sich von vornherein die Notwendigkeit einer besonders kritischen

---

[1] Die Idee der Konkretisierung in Recht und Rechtswissenschaft unserer Zeit, S. 237; vgl. dortselbst Anm. 2—4 für eine umfassende Übersicht über die Literatur zum Typusbegriff. Zu ergänzen sind außer den im folgenden aufgeführten Werken über Logik etwa: *Larenz*, Methodenlehre der Rechtswissenschaft, S. 333 ff.; August *Seiffert*, Die kategoriale Stellung des Typus; *Bergfeld*, Der Begriff des Typus; Bruno *Tietz*, Bildung und Verwendung von Typen in der Betriebswirtschaftslehre; *Schack* in: Jb. f. Nationalökonomie und Statistik, Bd. 122, 1924, S. 441 ff.

[2] *Engisch*, a.a.O., S. 266.

[3] In der strafrechtlichen Dogmatik sprach bereits *Beling*, Lehre vom Verbrechen, S. 21, 26 ff., von Verbrechenstypen; später wurde der Begriff des kriminologischen Tätertyps problematisch, vgl. die Darstellung bei *Engisch*, a.a.O., S. 273 ff. Im Zivilrecht sind besonders die Typen der Schuldverhältnisse von Bedeutung, vgl. etwa *Esser*, Schuldrecht, S. 53 ff. Daneben werden etwa „Geschäftsbesorgertypen" herausgestellt: *Isele*, Geschäftsbesorgung. Aus dem Bereich des öffentlichen Rechts ist vor allem die Typenlehre der steuerrechtlichen Judikatur hervorzuheben, vgl. dazu und zur Verwendung von Typen in der Jurisprudenz überhaupt H. J. *Wolff* in: Studium Generale, Bd. V, 1952, S. 195 ff., 203 f. Aus der Allgemeinen Staatslehre verdienen insbesondere die Staatstypen Georg *Jellineks* Erwähnung, Allgemeine Staatslehre, S. 34 f., die im allgemeinen als Vorbild des Begriffs des Idealtypus bei Max Weber angesehen werden, vgl. *Pfister*, Die Entwicklung zum Idealtypus, S. 138; *Radbruch*, Intern. Z. f. Theorie des Rechts, Bd. XII, 1938, S. 46 ff., 48; dazu auch *Engisch*, a.a.O., S. 252, Anm. 63. Neben diesen Verwendungsarten des Typus lassen sich in der Rechtswissenschaft noch die Typen der Rechtsgeschichte und Rechtsvergleichung und die „allgemein-rechtlichen, im engeren Sinne juristischen Typen" unterscheiden, H. J. *Wolff*, a.a.O., S. 195, 198 ff. Besonders auf die letztere Kategorie bezieht sich offenbar die Warnung Engischs vor einem „Schwelgen in Typen", vgl. Idee, S. 282 f. Teilweise wird hier die Forderung erhoben, daß der Rechtsanwender auch ohne besondere Ermächtigung durch das Gesetz die untypischen Sachverhalte von der Rechtsanwendung auszuschließen habe, da die Geltung jeder Rechtsnorm an das Vorliegen eines als normal vorausgesetzten, konkreten Lebenstypus gebunden sei, bes. C. *Schmitt*, a.a.O., S. 22 f.; *Dahm*, Der Tätertyp, S. 23, 45; für ähnliche Formulierungen s. Zitate bei *Engisch* a.a.O., S. 282, Anm. 184. Zurückhaltender wird demgegenüber die Auffassung vertreten, daß jedenfalls oft die sozialen Typen in den Rechtssätzen erhalten blieben, H. J. *Wolff*, a.a.O., S. 200.

II. Die logische Struktur des Standard

Haltung, um der Gefahr zu entgehen, bloß der Anziehungskraft des Modewortes zu erliegen. Die geforderte kritische Gesinnung stößt freilich sogleich auf die Schwierigkeit, daß die logische Struktur des Typus trotz seiner vielseitigen Verwendung bisher keineswegs eine endgültige Klärung erfahren hat. Zwar wird bereits die platonische Ideenlehre als Typendenken angesprochen, wobei der Typus als intuitiv erschautes Urbild der Dinge erscheint[4], und Goethe wird als derjenige bezeichnet, der durch seine Urphänomene den Typus in der Neuzeit wieder in den Vordergrund rückt[5]. Dennoch nahmen die Logiker kaum Notiz von dieser Denkform, und zwar zunächst auch dann noch nicht, als im Laufe des 19. Jahrhunderts die verschiedensten Wissenschaften mit Typen zu arbeiten begannen[6]. In den älteren deutschsprachigen Werken über Logik wird der Typus entweder überhaupt nicht behandelt[7] oder mit kurzen Bemerkungen abgetan[8]. Aber auch ausführlichere Untersuchungen von logischer Seite[9] oder aus dem Bereich der mit Typen arbeitenden Fachwissenschaften[10] haben bisher zur grundsätzlichen Klärung der logischen Struktur des Typus, insbesondere zu einer eindeutigen Unterscheidung vom Klassenbegriff, nicht geführt. Es stehen sich — wie insbesondere die ausführliche Darstellung Engischs aufweist[11] — sehr verschiedenartige Vorstellungen über das Wesen des Typus gegenüber. Dennoch kann es hier, da für die Kennzeichnung des Standard als Typus gerade die Unterscheidung vom Klassenbegriff wesentlich ist, nicht bei der resignierenden Feststellung sein Bewenden haben, daß es kaum möglich sei, diese verschiedenen Auffassungen vom Typus auf einen Nenner zu bringen und den Charakter des Typus generell zu klären[12].

---

[4] *Bergfeld*, a.a.O., S. 24 ff.; *Überweg*, Logik, § 58.
[5] *Haller*, Typus und Gesetz in der Nationalökonomie S. 14; *Burkamp*, Logik, S. 108 f.
[6] *Wundt*, Logik, Bd. II, S. 55: „Es gehört zu den bedeutsamsten Erscheinungen in der neueren Entwicklung der Wissenschaften, daß in den verschiedensten Gebieten Zoologie, Botanik, Krystallographie, Chemie, Sprachwissenschaft der nämliche Begriff beinahe gleichzeitig auftaucht."
[7] Vgl. etwa *Fries*, System der Logik, und *Lotze*, Logik, der in §§ 133 f., 257, 272, den Begriff erwähnt, ohne seinen logischen Charakter zu erörtern.
[8] So bei *Sigwart*, Logik, Bd. II, S. 249, 466, 735 ff.; *Wundt*, a.a.O., S. 55 ff., 519, 615 f.; *Rickert*, Die Grenzen der naturwissenschaftlichen Begriffsbildung, S. 325 f.; *Burkamp*, a.a.O.
[9] So insbes. Benno *Erdmann* „Theorie der Typeneinteilungen" in: Phil. Monatshefte, Bd. XXX, 1894, S. 15 ff. u. 129 ff.; Heinrich *Maier*, Philosophie der Wirklichkeit, Bd. I, S. 202, Bd. II, S. 517, 519 ff.. 549 ff. u. bes. 564 ff; *Hempel — Oppenheim*, Der Typusbegriff im Lichte der neuen Logik.
[10] Vgl. die bei *Engisch*, Idee, S. 237, Anm. 2—4 u. oben S. 19, Anm. 1 angeführte Literatur.
[11] a.a.O., S. 239 ff.
[12] So *Haller* a.a.O., S. 15, der allerdings, wie zu zeigen sein wird, selbst als erster den Ansatzpunkt zu einer umfassenderen Klärung des Typusbegriffs aufzeigt.

1. Der Typusbegriff

Im folgenden soll daher der Versuch unternommen werden, die logische Struktur des Typus zu bestimmen, die nach der hier vertretenen Auffassung unabhängig von den inhaltlichen Unterschieden der verschiedenen Typologien — nach denen man z. B. zwischen logischen und axiologischen Idealtypen und empirischen Typen differenzieren kann, wobei sich die letzteren z. B. wieder in Häufigkeits-, Durchschnitts- und schematische Typen unterteilen lassen — für alle Arten von Typen gültig ist.

Die Darstellung der logischen Struktur des Typus hat auszugehen von seiner Unterscheidung vom Klassenbegriff. Beide sind jedenfalls — darüber dürfte kein Streit bestehen — Denkformen des Allgemeinen[13]. Die logische Struktur des Typus kann daher nur in seiner Abgrenzung zum Klassenbegriff bestimmt werden. Hierfür werden verschiedene Lösungen angeboten, die jedoch — wie zu zeigen versucht werden soll — entweder nur teilweise zutreffen oder doch den Kern der Verschiedenheit verfehlen. Wenn Engisch[14] den wesentlichen Unterschied des Typus zum Klassenbegriff darin sieht, daß er diesem gegenüber „vergleichsweise konkret" sei, so ist dieser Aussage zwar zuzustimmen, sie ist jedoch, wie sich vor allem aus der von Engisch selbst aufgezeigten Vielfalt der Bedeutungen des Wortes „konkret" ergibt, offensichtlich zu unbestimmt, um für die Kennzeichnung der logischen Struktur des Typus von Wert zu sein[15].

Weiterhin wird das Wesen des Typus darin gesehen, daß er „abstufbar" und daher geeignet sei, fließende Übergänge auszudrücken, wie sie insbesondere im Bereich der belebten Natur in unübersehbarer Fülle vorkommen. Der starre Klassenbegriff vermag solchen Schattierungen und verschiedenen Intensitätsgraden von Merkmalen und allmählichen Übergängen zwischen Arten von Lebewesen — wie bereits Lotze bemerkt[16] — nicht gerecht zu werden. Als erster hat Erdmann ausdrücklich den Typus zur Bezeichnung von Arten, die in fließendem Zusammenhang stehen, verwandt[17] und Hempel-Oppenheim haben in einer

---

[13] Vgl. *von Aster*, Naturphilosophie, S. 13; *Engisch*, a.a.O., S. 238; Joh's Erich *Heyde* in: Studium Generale, Bd. V, S. 235 ff., 238; *Larenz*, a.a.O., S. 334; Heinrich *Maier*, Philosophie der Wirklichkeit, Bd. II, S. 565.

[14] a.a.O., S. 239.

[15] Engisch räumt auch selbst ein, das „Wesen" des Typus mit dieser These nicht erschöpft zu haben, a.a.O., S. 262 f.

[16] a.a.O., bes. § 131: „Mit diesem trockenen Gegensatz" (dem Entweder-Oder bei der Subsumtion unter abstrakte Klassenbegriffe) „ist das lebendige Denken in seinem wirklichen Gebrauch gar nicht einverstanden; es unterscheidet Arten, die ihrem gemeinsamen Gattungsbegriffe mehr oder weniger entsprechen oder adäquat sind."

[17] Phil. Monatshefte, a.a.O., S. 15 ff., bes. 17 ff. und 129 ff.; ders. Logik, bes. § 186.

grundlegenden Studie[18] mit den Mitteln der Logistik den als „Ordnungsbegriff" dem Klassenbegriff gegenübergestellten „Typus für fließende Übergänge", insbesondere die Einordnung von Individuen in solche Typen, exakt beschrieben[19].

Dieser Auffassung ist zuzugeben, daß Typen nicht wie Klassenbegriffe starr begrenzt, sondern grundsätzlich abstufbar sind und daher als „Ordnungsbegriffe" zur Bezeichnung von Gruppen von Individuen, die durch fließende Übergänge zusammenhängen, verwendet werden können. Zunächst ist jedoch zu beachten, daß „Typen für fließende Übergänge" nicht, wie Hempel-Oppenheim annehmen[20], jeweils eine gesamte Reihenordnung, sondern im allgemeinen nur Abschnitte solcher Reihen bezeichnen. Als Denkform des Allgemeinen setzt die Bildung von Typen ein bestimmtes Maß an Merkmalsübereinstimmung voraus. Reihenordnungen von Merkmalsstufen lassen sich jedoch häufig über den Bereich der geforderten Gemeinsamkeit hinaus fortsetzen, so daß weit auseinanderliegende Glieder der Kette das geforderte, den Typus auszeichnende Maß an Übereinstimmung nicht mehr aufweisen, sondern stattdessen eventuell andere Typen bilden, so daß eine Typenreihe entsteht[21]. Der Ausdruck „Typen für fließende Übergänge" kann demnach nur so verstanden werden, daß damit zu Typen zusammengefaßte Abschnitte von Reihen kontinuierlich zusammenhängender Merkmalsvariationen bezeichnet werden[22]. Solche Einteilungen von Reihen lassen sich nach verschiedenen Methoden und Gesichtspunkten vornehmen. Mit Haller[23] kann man in dieser Beziehung schematische und Häufungs-

---

[18] Der Typusbegriff im Lichte der neuen Logik, passim.
[19] Der Zusammenhang zwischen Typus und fließenden Übergängen bei Reihen von Individuen wird — im Anschluß an *Hempel-Oppenheim* — besonders behandelt von Radbruch, a.a.O., bes. S. 47 u. *Haller*, a.a.O., S. 16; vgl. auch *Stern*, Die differentielle Psychologie in ihren methodischen Grundlagen, S. 173 f.
[20] a.a.O., S. 23, 30 f., 32.
[21] Vgl. dazu *Larenz*, Typologisches Rechtsdenken, ARSP. Bd. XXXIV, 1940/41, S. 20 ff., 21: „Der stufenförmige Übergang, die Abwandlungsfähigkeit, die ‚Metamorphose' der Typen ermöglicht die Aufstellung einer Typenreihe, deren erstes und letztes Glied vielleicht äußerlich gesehen, wenig Gemeinsames aufweisen, die aber durch die Reihe der Zwischenglieder kontinuierlich miteinander verbunden sind und denen letzthin doch ein einheitlicher Sinn zugrunde liegt." Beispiele für Typenreihen a.a.O., sowie *Larenz*, Methodenlehre, S. 350: Die Typen der Personenvereinigungen. Aber etwa auch die psychosomatischen Typen *Kretschmers*, Körperbau und Charakter, passim. Keine Typenreihe in diesem Sinne bilden dagegen — entgegen *Heck*, Grundriß des Schuldrechts, S. 243 f. — die schuldrechtlichen Vertragstypen, s. *Engisch*, a.a.O., S. 284.
[22] So auch *Haller*, a.a.O., S. 16 ff. Durch diese Abweichung gegenüber der Auffassung *Hempel-Oppenheims* wird freilich die Gültigkeit der logistischen Darstellung fließender Übergänge und der Einordnung von Individuen in „Ordnungsbegriffe" nicht berührt, s. dazu unten S. 54 ff.
[23] a.a.O., S. 17 ff.

1. Der Typusbegriff

typen, sowie qualitative und — letzteren untergeordnet — Schwerpunkttypen unterscheiden[24].

Auch der sogenannte „repräsentative Typus" ist ein solcher Abschnitt einer Reihenordnung. Man versteht darunter „diejenige Form, in der die Eigenschaften einer Reihe verwandter Formen am vollkommensten repräsentiert sind"[25], die sogenannte Vollform in dem Sinne, daß in ihr die vollständige Zahl der typischen Merkmale als Ganzheit gegeben ist[26]. Diese Vollform steht in fließendem Zusammenhang mit einer Stufenreihe von Minderformen, bei denen die Gattungseigenschaften weniger stark ausgeprägt auftreten oder einzelne Merkmale ganz fehlen[27]. Damit ist aber auch der repräsentative Typus nicht fest begrenzt wie der Klassenbegriff. Er kann nicht wie dieser durch einfache Aufzählung seiner Bestimmungen definiert werden, da die erforderlichen optimalen Werte der einzelnen Merkmale sich nicht exakt angeben lassen. Auch der repräsentative Typus ist also unscharf im Gegensatz zum fest begrenzten Klassenbegriff[28], er ist ein Typus für fließende Übergänge.

Steht die Form des repräsentativen Typus sonach der hier in Rede stehenden Vorstellung vom Wesen des Typus nicht entgegen, so läßt

---

[24] Erstere ergeben sich durch willkürliche, schematische Einteilung; Häufungstypen werden dadurch gebildet, daß innerhalb der Reihe solche Bereiche abgesteckt werden, deren Merkmalsgrad besonders häufig an realen Objekten feststellbar ist. Bei den qualitativen Typen gehen Merkmalsqualitäten kontinuierlich ineinander über, die Reihenordnung wird an bestimmten „Mittelstellen" durchschnitten, vgl. z. B. das von *Erdmann*, Theorie der Typeneinteilungen, S. 23 angeführte Beispiel der Spektralfarben. Der Schwerpunkttypus schließlich ist diejenige Merkmalskombination, die insofern eine zentrale Stellung einnimmt, „als um die diese Kombination aufweisende Gegenstandsgruppe herum andere Gruppen liegen, die jeweils immer bei einem (oder mehreren) Merkmalen andersartige . . . . qualitative Bestimmungen aufweisen und bei denen die Merkmalsübereinstimmung mit der Mittelgruppe immer geringer wird, je mehr man sich vom Zentrum entfernt." *Haller*, a.a.O., S. 21.

[25] *Wundt*, a.a.O., S. 56; vgl. auch *Lotze*, a.a.O., S. 164: „als typischste und ausdrucksvollste Beispiele jeder Gattung erscheinen uns immer diejenigen Arten, in welchen alle einzelnen Merkmale die höchsten Werte erhalten, welche ihre von der Gattung vorgeschriebene Verknüpfungsweise ihnen erlaubt."

[26] *Heyde*, a.a.O., S. 245.

[27] *Heyde*, S. 246. Nur die Vollform, z. B. der Kaufmannstyp, nicht auch die Minderformen, darf nach Heydes Auffassung Typus heißen. Es sei daher ein Mißverständnis, den Typus selbst als abstufbares Gedankengebilde anzusehen und ihm damit „eine Sonderstellung gegenüber dem als starr und unveränderlich hingestellten Begriff" einzuräumen. Die Frage der Terminologie kann hier dahingestellt bleiben; auch die Vollform ist „abstufbar", s. o. im Text.

[28] Neben Heyde hält wohl auch *Engisch*, a.a.O., S. 245 den repräsentativen Typus für fest bestimmbar. Vgl. dagegen *Erdmann*, Theorie der Typeneinteilungen, S. 20 ff., der den Ausdruck „repräsentative Typen" zuerst gebraucht und der diese Typen als „Einteilungen fließender Zusammenhänge" behandelt.

sich doch in anderer Hinsicht nachweisen, daß das Wesen des Typus nicht durch seine Auffassung als Ordnungsbegriff erfaßt wird.

Bedenken erheben sich zunächst hinsichtlich solcher Reihen oder Abschnitte von Reihen der beschriebenen Art, bei denen nur ein Merkmal abstufbar ist. Solche linearen, eindimensionalen Reihen oder Reihenabschnitte[29] werden gemeinhin nicht als Typen bezeichnet[30]. Vielmehr wird der Ausdruck nur für Komplexe von Bestimmungen gebraucht, die irgendwie bedeutsam erscheinen[31]. Der Typus setzt — wie noch darzustellen sein wird — das unter einem bestimmten Gesichtspunkt bedeutungsvolle Zusammensein einer Vielzahl von Merkmalen voraus. Eindimensionale Reihenabschnitte wird man daher allenfalls als Grenzform des Typus anzusehen haben.

Vor allem ist aber gegen die Auffassung des Typus als Ordnungsbegriff einzuwenden, daß keineswegs alle Typen Reihen oder Abschnitte von Reihen fließender Übergänge sind. Neben dem Typus für fließende Übergänge gibt es die Form des sogenannten Gattungstypus[32, 33], der in seinen Grenzen eindeutig festgelegt ist. Hauptbeispiele hierfür sind serienmäßig hergestellte industrielle Produkte, wie Automobiltypen, aus dem juristischen Bereich etwa die Geschäftsbesorger- oder Schuldvertragstypen (letztere freilich nur, soweit nicht durch Mischformen fließende Übergänge zwischen ihnen möglich sind). Fließende Übergänge sind bei dieser Typenform nicht gegeben: weder besteht im Innenbereich des Gattungstypus eine Stufenreihe, noch geht er an seinen Grenzen kontinuierlich in andere Formen über. Die Zugehörigkeit von Individuen zum Gattungstypus läßt sich daher jeweils eindeutig feststellen. Dennoch ist der Gattungstypus kein abstrakter Klassenbegriff. Er läßt sich nicht wie dieser durch Angabe der für die Unterscheidung von allen anderen Gegenständen notwendigen und ausreichenden Merkmale definieren, sondern nur bildartig beschreiben. Die Definition würde ihn zum Klassenbegriff umformen[34]. Er ist damit relativ konkreter als der Klassenbegriff. Will man nicht neben abstraktem Begriff und Typus eine dritte Denkform des Allgemeinen proklamieren, so wird man nicht umhin können, das Phänomen des Gattungstypus dem Sprachgebrauch entsprechend tatsächlich als Typus anzusehen. Zu Recht stellt Engisch[35] als Ergebnis seiner Untersuchungen für den juri-

---

[29] *Haller*, a.a.O., spricht hier von „partiellen Typen".
[30] Vgl. etwa *Kretschmer*, in Studium Generale IV, 1951, S. 399, der sich über die Bildung von „Typen" der „Klugen, Dummen, Dicken, Mitteldicken und Dünnen" mokiert; ähnlich *Wellek*, Archiv f. d. ges. Psychologie, Bd. 100, S. 475.
[31] *Strunz*, Studium Generale IV, 1951, S. 402, 403.
[32, 33] *Haller*, a.a.O., S. 24 ff.
[34] *von Aster*, a.a.O., S. 13; dazu näher unten S. 51 f.
[35] a.a.O., S. 289.

1. Der Typusbegriff

stischen Bereich fest, daß die meisten sogenannten „Typenbegriffe" keine Steigerungsbegriffe seien und die Steigerungsbegriffe, die man antreffe, nicht „Typen" genannt würden[36].

Sicherlich kann man daraus mit Engisch den Schluß ziehen, daß sich hier eben ein falscher Sprachgebrauch eingebürgert habe. Das zum Gattungstypus Ausgeführte zeigt demgegenüber bereits an, daß wohl eher die umgekehrte Schlußfolgerung die richtige ist: Das Wesen des Typus, seine logische Struktur wird durch die Auffassung als Steigerungs- oder Ordnungsbegriff selbst in der erweiterten, den repräsentativen Typus einschließenden Form des Typus für fließende Übergänge nicht erfaßt. Die logische Struktur des Typus ist zwar dergestalt, daß er — im Gegensatz zum Klassenbegriff — zur Bezeichnung von Arten, die in fließendem Zusammenhang stehen, verwendet werden kann. Damit ist jedoch nur eine Möglichkeit, nicht eine Notwendigkeit seiner logischen Form bezeichnet. Der Typus ist seiner logischen Struktur nach abstufbar, aber nicht notwendig abgestuft.

Bevor die diesen Kriterien entsprechende logische Struktur näher untersucht werden soll, ist noch eine weitere, eher am Phänomen des Gattungstypus orientierte Auffassung von der Unterscheidung zwischen Typus und Klassenbegriff zu erörtern. Es handelt sich um die vor allem von Heinrich Maier[37] entwickelte Vorstellung vom Typus als „komparativ-anschauliches Allgemeinbild"[38].

Maier unterscheidet abstrakten Begriff und Typus vor allem durch das zu ihrer Bildung führende Verfahren. Bei beiden handele es sich um Abstraktion, bei der Typenbildung jedoch um eine komparativ-anschauliche im Gegensatz zur begrifflichen beim abstrakten Begriff. Beiden gemeinsam sei die Reflexion auf eine Vielheit von ähnlichen Einzelfällen, das vergleichende Herausheben des Gemeinsamen, verbunden mit dem Abstoßen des Verschiedenartigen und schließlich das Festlegen dieses Gemeinsamen, einerseits des Allgemeinbegriffs, andererseits des Typus. Wie die begriffliche Abstraktion zu immer höheren Allgemeinbegriffen, so steige auch die Typenbildung zu immer höheren Typen auf, indem jeweils das Gemeinsame der niedrigeren Typen aufgegriffen und als übergeordneter Typus festgelegt werde. Während aber die begriffliche Abstraktion, indem sie vom Einzelnen zum Allgemeinen

---

[36] Vgl. bereits *Erdmann*, a.a.O., S. 155, der ähnlich resignierend konstatiert: „Nicht überall nämlich, wo die Naturforscher sich gewöhnt haben, von Typen zu reden, liegen Typen im Sinne von Arten fließenden Zusammenhangs vor; so wenig wie überall da, wo Typen in dieser Bedeutung vorhanden sind, der sprachliche Ausdruck ihrem Wesen angepaßt ist."

[37] Philosophie der Wirklichkeit, Bd. I, S. 207, Bd. II, S. 564 ff.

[38] Ähnliche Vorstellungen bereits bei *Sigwart*, Logik, Bd. II, S. 466: In sinnlicher Anschaulichkeit gedachte Typen, Urbilder und Musterbilder"; vgl. auch *von Aster*, a.a.O., S. 13 f.

aufsteige, zugleich die anschauliche Sphäre verlasse und weiterhin zuerst die begrifflichen Merkmale ergreife, um sie in der Begriffsform zusammenzuschließen, verharre die Typenabstraktion grundsätzlich in der anschaulichen Region. Wenn sie zunächst in der jeweiligen Vielheit von Einzelobjekten die gemeinsamen Züge aufzugreifen scheine, seien es in Wahrheit doch bereits Allgemeinbilder, auf die sie hinstrebe: aus den vielen Individualbildern suche sie ein gemeinsames Bild herauszuarbeiten. Das inhaltliche Wesen des Typus sei nur dem anschauenden Vorstellen zugänglich; die Typenerkenntnis vollziehe sich darum immer in Gestalt des anschauenden Vorstellens[39]. Gegenständlich hafte deshalb allen Typenobjekten eine implizierte Anschaulichkeit an.

Entsprechend wird das Verhältnis, in dem Begriff und Typus zum Einzelindividuum stehen, als verschieden angesehen. Während der Begriff der Repräsentant der sämtlichen möglichen Individuen sei, die die entsprechenden Bestimmtheiten aufwiesen, sei der Typus der Repräsentant der sämtlichen aktuell-wirklichen Individuen, die das Typenbild an sich trügen oder an sich getragen hätten. Die Allgemeinheit des Typus sei eine aktuell-reale; der Typus fasse nur das in sich zusammen, was seine Einzelexemplare gleich hätten. Der Geltungsbereich des Typus reiche also über den Kreis der wirklich gewordenen Erscheinungen in keiner Weise hinaus.

Dieser These liegt die in den Grundlagen der Maierschen (antinominalistischen) Realitätsphilosophie begründete Vorstellung vom „Realbegriff" (im Gegensatz zum „angenommenen" Begriff) zugrunde, aus der sich weitere Folgerungen für die Unterscheidung von abstraktem Begriff und und Typus ergeben. Insbesondere postuliert Maier für den abstrakten (Real-) Begriff als „unablösbares Moment" die „gegenwärtige Aktualisierbarkeit", die „reale Möglichkeit entsprechender Einzelerscheinungen", die beim Typus naturgemäß entfalle[40]. Von Klassen endgültig vergangener Objekte, wie etwa paläontologischen Erscheinungen, können daher nach Auffassung Maiers nur Typen, keine abstrakten Begriffe gebildet werden. Insoweit sei daher auch die an sich gegebene Umsetzbarkeit von Begriffen in Typen und umgekehrt eingeschränkt. Zwar könnten alle Begriffe an sich durch Typen, aber nicht alle Typen durch Begriffe ersetzt werden[41]. Ein Verhältnis der Gegenseitigkeit bestehe nur für Gegenwartstypen, d. h. für diejenigen, deren Einzelexemplare in der Gegenwart oder doch auch in der Gegenwart lägen. So träten an die Stelle der Art- oder Gattungsbegriffe der Biologie, wenn die Arten oder Gattungen ausgestorben seien und eine Möglichkeit ihrer Wiederkehr nicht mehr bestehe, Gattungs- und Art-

---

[39] a.a.O., Bd. II, S. 566.
[40] a.a.O., S. 538, 540 ff., 566 f.
[41] Gerade umgekehrt *von Aster*, a.a.O., vgl. dazu näher unten S. 51 f.

1. Der Typusbegriff

typen. Diese könnten nicht wieder in Allgemeinbegriffe umgewandelt werden, da ihnen die gegenwärtige Aktualisierungsfähigkeit abhanden gekommen sei. Im syllogistischen Schlußverfahren können nach der Lehre Maiers Typen grundsätzlich die Rolle der Mittelbegriffe übernehmen; aus Typenurteilen lassen sich Schlüsse ziehen. Während nun bei Gegenwartstypen faktisch immer der entsprechende Allgemeinbegriff als Medium fungiere, sei dies bei den der Vergangenheit angehörenden Typen nicht möglich. Überall da, wo allgemeine Obersätze in die sprachliche Form des Präteritums gekleidet seien, würden daher Typen als Mittelbegriffe verwandt[42].

Maier unterscheidet zwei Grundformen des Typus, den natürlichen oder historischen und den konstruktiven Typus[43]. Die Verschiedenheit beider Formen kann nach Maiers Auffassung — folgerichtig — nicht darin liegen, daß die erstere Form Allgemeinbilder realer, d. h. natürlicher, historischer Einzelindividuen, die zweite dagegen von der realen Wirklichkeit losgelöste, frei erdachte, konstruierte Typen sind. Die Eigenart des natürlichen Typus wird vielmehr darin gesehen, daß sein Abstraktionsmaterial durch eine Vielheit von Individuen gebildet wird, die miteinander in sachlichen Zusammenhangsbeziehungen stehen, Beziehungen, durch welche die Individuen andererseits zu dynamisch mehr oder weniger geschlossenen Kollektiveinheiten zusammengefaßt werden. Auch der konstruktive Typus ist nach Maiers Auffassung Repräsentant realer Einzelexemplare, die jedoch nicht räumlich-zeitlich bestimmten Kollektiveinheiten zugeordnet, sondern lediglich durch Beziehungen der Ähnlichkeit oder Gleichartigkeit verbunden sind. Zeitlich und räumlich weit auseinanderliegende Erscheinungen können, wenn sie nur Gleichartigkeit zeigen, der Abstraktionsstoff sein, aus dem konstruktive Typen gebildet werden. Als Beispiele für natürliche, historische Typen werden u. a. das „Bild des alten Germanen oder des Römers aus der republikanischen Zeit oder des athenischen Staatsbürgers im perikleischen Zeitalter" sowie paläontologische Arttypen und Rassetypen der Anthropologie den konstruktiven Typen des „Gletschers" oder der „Prärie" sowie der Sprangerschen „Lebensformen" gegenübergestellt.

Die Wiedergabe der Heinrich Maierschen Auffassung vom Wesen des Typus kann an dieser Stelle unter Übergehung von Einzelzügen abgebrochen werden. Auch gegenüber dieser Typenlehre muß der Einwand erhoben werden, daß sie zwar richtige und fruchtbare Teilansichten aufweist, daß jedoch einzelne Folgerungen widersprüchlich sind und daß vor allem auch hier nicht alle Typenformen erfaßt werden.

---

[42] S. 569.
[43] S. 571 ff.

Zunächst ist die von Maier hervorgehobene Anschaulichkeit des Typus kein zur Unterscheidung der logischen Strukturen von Typus und Begriff geeignetes Kriterium. Zwar sind die meisten Typen relativ anschaulich[44]. Auch mag mit Heinrich Maier die komparativ-anschauliche Abstraktion psychologisch eine besondere Form abstrahierenden Denkens sein. Die logische Unterscheidung von Typus und Begriff ermöglicht die Anschaulichbarkeit dennoch nicht. Einmal ist „anschaulich" ein unbestimmter Steigerungsbegriff; es gibt jeweils mehr oder minder anschauliche Gedankengebilde, so daß eine exakte Trennung von Anschaulichem und Unanschaulichem nicht möglich ist. Vor allem aber ist die Anschaulichkeit selbst keine logische Kategorie, sondern nur die Begleiterscheinung einer bestimmten logischen Struktur, die nicht nur grundsätzlich beim Typus, sondern auch bei manchen Allgemeinbegriffen gegeben sein kann. Gedankengebilde sind anschaulich, wenn sie geeignet sind, sinnliche Vorstellungsinhalte von den durch sie bezeichneten Objekten zu wecken. Dies ist offenbar nur dann möglich, wenn die Objekte überhaupt sinnlicher Vorstellung zugänglich sind[45]. Weiterhin muß das Gedankengebilde eine relativ große Anzahl von Merkmalen aufweisen, die der Vorstellungskraft viel Anhalt bieten und sich so leicht zu einem vorstellbaren Mosaik zusammenfügen. Eine diesen Anforderungen genügende logische Struktur weisen nun häufig auch Allgemeinbegriffe auf, die vergleichsweise „konkret" sind[46], d. h. die einen relativ großen Inhalt haben, daher von geringerem Umfang sind und also den unteren Stufen einer Begriffspyramide angehören. Ihre Definition kann einen so inhaltsreichen Merkmalskomplex ergeben, daß eine bildartige Vorstellung ermöglicht wird[47]. Typen mögen sich im allgemeinen durch einen noch höheren Grad der Anschaulichkeit auszeichnen; eine klare Unterscheidung der logischen Strukturen von Begriff und Typus wird jedoch durch das Kriterium der Anschaulichkeit nicht gewonnen.

Weiterhin ist zwar zuzugeben, daß allen Arten von Typen grundsätzlich eine größere „Realitätsnähe" zukommt als den abstrakten Allgemeinbegriffen. Jedoch sind nicht alle Typen Repräsentanten wirklicher

---

[44] Selbst die nicht durch bloße Abstraktion, sondern teilweise konstruktiv gebildeten logischen Idealtypen, vgl. dazu unten S. 43 f.

[45] Sie brauchen deshalb nicht notwendig der Realwelt anzugehören, auch Phantasiegebilde können sinnlich vorstellbar sein, vgl. dazu *Engisch*, a.a.O., S. 4 f.

[46] Zur Gleichsetzung von „anschaulich" und „konkret" vgl. *Engisch*, a.a.O. m. Bsp.

[47] Vgl. z. B. *Larenz*, a.a.O., S. 324, insbes. die dort angeführte Begriffsreihe „Sache — bewegliche Sache — Tier — Haustier — Hund", die noch zu einer bestimmten Hunderasse weitergeführt werden könnte und deren letzte Glieder bereits eine gewisse Anschaulichkeit aufweisen.

1. Der Typusbegriff

oder wirklich gewesener Einzelexemplare. Im Rahmen dieser Arbeit kann auf eine eingehendere Auseinandersetzung mit der Maierschen Lehre vom abstrakten Allgemeinbegriff, die ein Eingehen auf die Grundlagen seiner antinominalistischen Realitätsphilosophie und damit auf den durch den Gegensatz von Nominalismus und Universalismus (Begriffsrealismus) gekennzeichneten allgemeinen philosophischen Hintergrund der Lehre vom Begriff erfordern würde[48], verzichtet werden. Die auf einen als Wirklichkeitsform legitimierten „Realbegriff" beschränkte Lehre Maiers vom abstrakten Begriff und die analoge Beschränkung auf den Realtypus erweist sich jedenfalls im Bereich der Typologik für die Klärung der Unterscheidung von Klassenbegriff und Typus als unzureichend und teilweise widersprüchlich. Das Phänomen des logischen Idealtypus wird von der hier in Rede stehenden Auffassung nicht erfaßt, und zwar weder der Max Webersche Idealtypus noch — entgegen der Darstellung Maiers — die Sprangerschen „Lebensformen" oder auch nur die repräsentativen oder Grenztypen etwa in der Kretschmerschen Lehre der psychosomatischen Typen.

Der Idealtypus Max Webers ist, wie Weber ausdrücklich hervorhebt, nicht Repräsentant empirischer Einzelexemplare, er ist ein rein idealer Grenzbegriff, eine Utopie, ein Gedankenbild, welches in seiner begrifflichen Reinheit in der empirischen Wirklichkeit nicht existiert, sondern durch „Bereinigung" und Steigerung von Einzelzügen realer Erscheinungen gewonnen wird[49]. Ebenso sind auch die Sprangerschen „Lebens-

---

[48] Vgl. dazu *Welzel*, Naturrecht und materiale Gerechtigkeit, bes. Abschnitte 4 und 5; auch Klaus *Ritter*, Zwischen Naturrecht und Rechtspositivismus, S. 25 ff.

[49] Vgl. Max *Weber*, „Die Objektivität sozialwissenschaftlicher und sozialpolitischer Erkenntnis", abgedruckt in: Gesammelte Aufsätze zur Wissenschaftslehre, S. 191: Der Idealtypus „wird gewonnen durch einseitige Steigerung eines oder einiger Gesichtspunkte und durch Zusammenschluß einer Fülle von diffus und diskret, hier mehr, dort weniger, stellenweise gar nicht vorhandener Einzelerscheinungen, die sich jenen einseitig herausgehobenen Gesichtspunkten fügen, zu einem in sich einheitlichen Gedankengebilde. In seiner begrifflichen Reinheit ist dieses Gedankenbild nirgends in der Wirklichkeit empirisch vorfindbar, es ist eine Utopie, und für die historische Arbeit erwächst die Aufgabe, in jedem enzelnen Falle festzustellen, wie nahe oder wie fern die Wirklichkeit jenem Idealtypus steht." S. 194: Der Idealtypus „ist ein Gedankenbild, welches nicht die historische Wirklichkeit oder gar die ‚eigentliche' Wirklichkeit ist ..., sondern welches die Bedeutung eines rein idealen Grenzbegriffs hat, an welchem die Wirklichkeit zur Verdeutlichung bestimmter, bedeutsamer Bestandteile ihres empirischen Gehaltes gemessen, mit dem sie verglichen wird". Mit Hilfe von Idealtypen können die „Ideen" historischer Erscheinungen verdeutlicht werden, beispielsweise kann man die „Idee" der mittelalterlichen „Stadtwirtschaft" oder des „Handwerks" „in einer Utopie zeichnen, indem man bestimmte Züge ... zu einem in sich widerspruchslosen Idealbilde zusammenfügt und auf einen Gedankenausdruck bezieht, den man darin manifestiert findet". Max *Weber*, a.a.O., S. 190 f. Vgl. zum Idealtypus auch Georg *Jellinek*, a.a.O., von dem der Ausdruck wahr-

formen"⁵⁰ in der empirischen Wirklichkeit nicht nur — mit Heinrich Maier — nicht in räumlich-zeitlichen Kollektiveinheiten, sondern überhaupt nicht vorfindbar. Zwar kann man sie als konstruktive Typen bezeichnen, jedoch in einem anderen als dem von Maier verstandenen Sinn. Während bei den Idealtypen Max Webers von empirisch realen Gebilden und Erscheinungen ausgegangen wird, die durch Berichtigung und Bereinigung bestimmten Grundwerten oder Sinnrichtungen gemäß idealisiert werden, entwickelt Spranger seine Lebensformen mehr konstruktiv jeweils aus einem bestimmten Grundprinzip heraus. Dieser eine Grundwert, z. B. die Religiosität oder das Gewinnstreben, wird einseitig zu Lasten der übrigen hervorgehoben, so daß reine, d. h. nur in einer Grundrichtung bestimmte „Lebensformen" (z. B. des religiösen oder des ökonomischen Menschen) entstehen, wie sie in der Wirklichkeit, in der immer mehrere verschiedene Grundwerte die Persönlichkeit bestimmen, nicht gegeben sind⁵¹.

Den Weberschen oder Sprangerschen Idealtypen verwandt sind die bereits beschriebenen repräsentativen oder Grenztypen. Sie sind zwar nicht notwendig Idealtypen, setzen aber andererseits auch nicht notwendig das reale Vorkommen ihnen entsprechender Individuen voraus. Die Vollform, in der die Eigenschaften einer Reihe am vollkommensten und reinsten repräsentiert sind, ist möglicherweise in der Realität nirgends vorfindbar, so daß die entsprechende Stelle der Reihe unausgefüllt bleibt. So hebt insbesondere Kretschmer hervor, daß die reinen Fälle seiner psychosomatischen Typen seltene Glücksfälle seien⁵², da in der Wirklichkeit fast immer nur Minderformen vorkämen.

---

scheinlich stammt — dazu *Engisch*, a.a.O., S. 252, bes. N. 63 m.w.A., — der ihn jedoch in anderem Sinne als Max Weber versteht: Bei Jellinek hat der Idealtypus teleologische Bedeutung, er ist Wertmaßstab des Gegebenen; der Idealtypus in der Staatslehre ist der beste Staat. Bei Max Weber ist er dagegen ins Logische umgewandelt: „Der Gedanke des Seinsollenden, Vorbildlichen (ist) von diesen in rein logischem Sinn ‚idealen' Gedankengebilden ... sorgsam fernzuhalten", a.a.O., S. 192; vgl. dazu vor allem *Engisch*, S. 252 f. dortselbst N. 69 auch weitere Literatur zum Weberschen Idealtypus.

⁵⁰ Eduard *Spranger*, Lebensformen.

⁵¹ *Spranger*, a.a.O., S. 114: „Man halte sich gegenwärtig, daß die Grundtypen, die wir hier aufstellen, nicht etwa Fotografien des wirklichen Lebens sind, sondern auf einer isolierenden und idealisierenden Methode beruhen. Es entstehen auf diese Weise zeitlose Idealtypen, die als Schemata oder Normalstrukturen an die Erscheinungen der historischen und gesellschaftlichen Wirklichkeit angelegt werden sollen. Sie ergeben sich daraus, daß jeweils *eine* bestimmte Sinn- und Wertrichtung in der individuellen Struktur als herrschend angesetzt wird." Vgl. hierzu bes. *Haller*, S. 28 ff., der den konstruktiven Typen Sprangers die „bereinigten", d. h. durch Bereinigung gewonnenen Idealtypen Max Webers gegenüberstellt.

⁵² „Die klassischen Fälle, die fast beimischungsfreien und mit allen Hauptsymptomen wohl ausgebildeten Vertreter ... sind beinahe Glücksfunde, die wir nicht alle Tage vorstellen können", a.a.O., S. 16.

1. Der Typusbegriff

Die von Maier entwickelte Auffassung vom Wesen des Typus, wonach dieser über den Kreis der wirklich gewordenen Erscheinungen in keiner Weise hinausreiche, während der Begriff Repräsentant der sämtlichen möglichen Individuen sei, die die entsprechenden Bestimmtheiten aufwiesen[53], wird den Formen der logischen Idealtypen und des Grenztypus sonach nicht gerecht und erweist sich damit insoweit als unzureichend.

Weiterhin ist die Maiersche Unterscheidung von Begriff und Typus auch teilweise widersprüchlich. Als Folge des Postulats gegenwärtiger Aktualisierbarkeit des abstrakten (Real-) Begriffs weist Maier — wie dargestellt — alles endgültig Vergangene dem Bereich der Typen zu. Andererseits ist aber nach seiner Auffassung die Unterscheidung von Begriff und Typus durch den Gegensatz von abstrakt und anschaulich gekennzeichnet. Typen sind — nach Maier — anschauliche Allgemeinbilder. Nun läßt sich aber eine Fülle endgültig vergangener Klassen aufzeigen, denen die Anschaulichkeit offensichtlich fehlt. So wird man z. B. kaum die „ägyptischen Dynastien" (entsprechend die Pharaonen) über zweieinhalb Jahrtausende, die „griechischen Philosophen" von den Sophisten bis zur mittleren Stoa, die „römischen Kaiser" von Augustus bis Romulus Augustulus, die „preußischen Könige" von Friedrich I. bis Wilhelm II., die „griechischen Kolonien", die „römischen Provinzen", die „Punischen Kriege", die „Napoleonischen Feldzüge" usf. anschauliche Allgemeinbilder nennen können, da hier jeweils sehr verschiedenartige Erscheinungen zu Klassen zusammengefaßt werden, bei denen die Merkmalsübereinstimmung nicht groß genug ist, um ein anschauliches Bild zu ergeben. Weiterhin ist beispielsweise logisch nicht zwingend zu begründen, weshalb sich der Klassenbegriff „britische Kolonien" in unseren Tagen in ein „anschauliches Allgemeinbild" umwandeln soll, nur weil die ihm unterfallenden Objekte nach und nach der Vergangenheit angehören. Zwar lassen sich aus manchen der angeführten historischen Klassenbegriffe Typen bilden[54], doch besteht diese Umwandlungsmöglichkeit mit Heinrich Maier[55] in gleicher Weise bei den Begriffen, die gegenwärtige Klassen bezeichnen[56, 57]. Allerdings hat die Zuordnung des

---

[53] a.a.O., S. 568.

[54] Man kann etwa (repräsentative) Typenbilder des römischen Kaisertums (allerdings wohl kaum solche, die Prinzipat und Dominat umfassen) oder des „Preußenkönigs" entwerfen.

[55] a.a.O., S. 567.

[56] *Maier* nennt a.a.O. insbesondere biologische Arten, man denke etwa auch an die Vertrags- und Deliktstypen.

[57] Die gleiche gegenseitige Umkehrbarkeit dürfte bei den von *Maier* angeführten biologischen und paläontologischen Typen und Begriffen bestehen. Es ist z. B. nicht einzusehen, weshalb es nur einen Typus der Saurier, aber sowohl Typus wie Begriff der Säugetiere geben soll.

Typus zum Bereich des endgültig Vergangenen einen richtigen Kern. Tatsächlich werden Klassen endgültig vergangener Erscheinungen eher durch Typen als durch abstrakte Klassenbegriffe bezeichnet, insbesondere arbeitet die Geschichtswissenschaft vielfach typologisch[58]. Der Grund hierfür ist jedoch nicht logischer, sondern bloß faktischer Art: nur Phänomene des Lebendigen vergehen, nur im Bereich der belebten Natur gibt es daher Klassen endgültig vergangener Erscheinungen. Formen des Lebendigen nun sind einmal meist höher differenziert als die Gegenstände des Anorganischen. Bei ihnen besteht daher häufig ein besonders großes Maß an Merkmalsübereinstimmung, so daß sich inhaltsreiche, „anschauliche" Merkmalskomplexe abstrahieren lassen. Zum andern sind sie — wie bereits bei der Darstellung des Typus für fließende Übergänge zur Sprache kam — häufig durch fließende Zusammenhänge verbunden. Der Typus ist daher nur faktisch eher geeignet, endgültig vergangene Klassen zu bezeichnen; logisch zwingend ist diese Zuordnung dagegen nicht. Als Ergebnis der Erörterung der Maierschen Typenlehre ist demnach festzustellen, daß auch sie die Klärung der logischen Verschiedenheit von Typus und Allgemeinbegriff über Teilansätze nicht hinausführt.

Die Übersicht über die verschiedenen Auffassungen vom Wesen des Typus ergibt immerhin, daß seine logische Struktur folgenden Typenformen genügen muß: dem abgestuften „Typus für fließende Übergänge" wie dem nicht abgestuften Gattungstypus, dem Realtypus wie dem Idealtypus, wobei allen Typenformen gemeinsam ist, daß sie vergleichsweise „realitätsnah" und anschaulich sind.

Der Versuch, die diesen Erfordernissen entsprechende logische Form in der Abgrenzung von der des Allgemeinbegriffs zu bestimmen, kann einsetzen bei einer Beschreibung des Typus, die (bereits im Jahre 1837) der Engländer Whewell gegeben hat. In seiner „Geschichte der induktiven Wissenschaften"[59] führt Whewell aus, daß „natürliche Gruppen durch Typen gegeben werden", d. i. „durch Muster einer Klasse, z. B. die Art einer Gattung, in welcher der Charakter der Gattung in hervorragender Weise ausgeprägt erscheint". Die natürlichen Gruppen seien demnach „fest bestimmt obgleich nicht scharf begrenzt; sie sind gegeben, obgleich nicht umschrieben; sie sind nicht durch eine von außen gegebene Grenzlinie sondern von einem Mittelpunkt aus bestimmt, d. h. nicht durch das, was sie deutlich ausschließen, sondern durch das, was sie vorzugsweise einschließen, durch ein Musterbild, nicht durch eine Vorschrift". Das Typendenken kann kaum besser charakterisiert werden

---

[58] *Zittel*, Studium Generale, Bd. V, 1952, S. 378 ff.

[59] Erstmals London 1837; zitiert nach *Erdmann*, Theorie der Typeneinteilungen, S. 16.

1. Der Typusbegriff

als durch diese Äußerung Whewells. Es ist ein Denken von der Mitte her und hierin, nicht in der Abgestuftheit, der Anschaulichkeit oder der Realitätsnähe, die nur Begleiterscheinungen sind, liegt der wesentliche Unterschied zum begrifflichen Denken, das ein Denken von der Grenze her ist. „Nicht das Begreifen", schreibt Radbruch[60], „erscheint als die Hauptleistung des Begriffs, das Umfassen eines bestimmten Denkgehalts, sondern das Begrenzen, die Wehrmauer, mit der sich der Begriff nach außen gegen andere Denkgehalte abschließt. Kurz: das traditionelle begriffliche Denken ist ein 'Trennungsdenken', das die Ganzheiten des Lebens zersetzt und zerstört." Ähnlich hebt bereits Sigwart[61] hervor, daß nicht die Abstraktheit das wesentliche Kennzeichen des Allgemeinbegriffes sei: „Die Bestimmung der Allgemeinheit ist ihm mit jeder Vorstellung als solcher gemeinsam, das unterscheidende Wesen des Begriffs ist vielmehr die feste Begrenzung und sichere Unterscheidung von allen übrigen[62]."

Die Gegenüberstellung von Typendenken als „Denken von der Mitte her" und Begriffsdenken als „Trennungsdenken" enthält nun mehr als nur den im Zusammenhang mit dem Typus für fließende Übergänge bereits erörterten Gegensatz von fließenden Übergängen und starrer Begrenztheit. Es kommt darin zum Ausdruck, daß Begriff und Typus logisch verschiedene Inhalte haben, für deren Bestimmung der Sprachgebrauch richtig zwischen „definieren" und „beschreiben" unterscheidet. Der Inhalt des Begriffs wird definiert[63]; Typen können dagegen nur beschrieben werden[64]. Diese Zuordnung ist eine notwendige, unvertauschbare; durch Beschreibung würde der Begriff zum Typus angereichert, durch Definition aus dem Typus ein Begriff herauskristallisiert. Beides

---

[60] a.a.O., S. 46.
[61] Logik, Bd. I, S. 324.
[62] Ebenso *Rickert*, Zur Lehre von der Definition, S. 31 f.; auch *Haller*, a.a.O., S. 25: „Mehr als eine präzise Einteilung der Gegenstandsbereiche kann der Begriff nicht leisten."
[63] Vgl. zur Lehre von der Definition bes. das gleichnamige Werk Rickerts, passim; zur Unterscheidung von Begriffsdefinition und Worterklärung insbes. S. 18 ff. Es mag hier dahingestellt bleiben, ob *Rickert*, a.a.O., S. 56 ff., auch dahin zu folgen ist, daß die Begriffsmerkmale in Wahrheit Urteile seien, der Begriff damit ein „Komplex von ruhend gedachten Urteilen", S. 60. Für unseren Zweck, die Abgrenzung von Typus und Begriff, ist diese Kennzeichnung mit ihren erkenntnistheoretischen Folgerungen (vgl. dazu *Rickert*, S. 72 f.) ohne Belang.
[64] So auch *Larenz*, a.a.O., S. 343, ferner auch L. *von Mises*, Human Action, S. 60: „An ideal type cannot be defined; it must be characterized by an enumeration of those features, whose presence by and large decides whether in concrete instances we are faced with a specimen belonging to the ideal type in question." Der — soweit ersichtlich — einzige Hinweis darauf, daß in der Unterscheidung von Definition und Beschreibung der wesentliche Unterschied zwischen Begriff und Typus zum Ausdruck kommt, findet sich jedoch bei *Haller*, S. 25, bes. N. 32.

ist — wie noch zu zeigen sein wird — unter bestimmten Voraussetzungen möglich.

Zunächst ist davon auszugehen, daß sowohl die Definition des Begriffs wie die Beschreibung des Typus allgemeine Bestimmungen, Merkmale zusammenfügen. Als Denkformen des Allgemeinen beruhen demnach sowohl Begriff als Typus (auch die Formen des Idealtypus) auf dem Denkvorgang der isolierenden Abstraktion. Aus der intensiven und extensiven Mannigfaltigkeit des Seins (Rickert) müssen zunächst durch Reflexion auf eine Vielheit von ähnlichen Einzelfällen[65] allgemeine Bestimmtheiten einzeln unterschieden, gegeneinander abgegrenzt und von den konkreten Seinsgegenständen abgehoben werden, um als Merkmale Begriff oder Typus zu konstituieren[66]. Der erste Schritt, die isolierende Abstraktion, ist demnach bei der Bildung von Begriff und Typus gleich[67], sie ist Voraussetzung jedes logischen Denkens überhaupt[68]. Auch Individuen können — wie Rickert gültig nachgewiesen hat[69] — nur als aus allgemeinen Bestimmungen zusammengesetzt Gegenstand logischen, nicht bloß intuitiven Denkens sein.

Sind demnach sowohl Begriff wie Typus und Individuum als aus abstrahierten Merkmalen zusammengesetzt Gegenstand des Denkens, so können sie sich logisch nur durch die Auswahl der sie konstituierenden Merkmale oder durch die Art des Zusammenseins dieser Merkmale unterscheiden. Die letztere Auffassung wird von Larenz vertreten. Während der Begriff die Summe von äußerlich aneinandergereihten, isolierten Merkmalen sei, sei der Typus ein Merkmalsganzes, bei dem der — nach der isolierenden Abstraktion — zweite Schritt, das Wiederzusammenfügen des Geschiedenen, nicht einfache Addierung, sondern eine „Wiederannäherung an die Bildhaftigkeit der Anschauung" bedeute[70].

Auch dieser Auffassung vom Unterschied der logischen Strukturen von Begriff und Typus wird man nicht folgen können. Zwar ist der Typus als nicht zu teilendes Ganzes von Merkmalen aufzufassen[71], aber auch der Begriff ist nach einhelliger Meinung der Logiker nicht willkürlich addierte Summe von Bestimmungen, sondern Inbegriff von

---

[65] Heinrich Maier, a.a.O., S. 565.
[66] Vgl. die Darstellung bei Larenz, S. 322 ff.; Lotze, S. 40 ff.; Rickert, a.a.O., S. 34; Wundt, S. 11 ff.
[67] Larenz, a.a.O.
[68] Erdmann, Logik, S. 4; Rickert, Die Grenzen der naturwissenschaftlichen Begriffsbildung, S. 42 ff.
[69] a.a.O., S. 329, 338 f.
[70] a.a.O., S. 335.
[71] Auf das Ganzheitliche des Typus ist auch sonst verschiedentlich hingewiesen worden, vgl. z. B. Heyde, a.a.O., S. 237 f., Engisch, a.a.O., S. 249 f., Wellek, a.a.O., S. 475.

1. Der Typusbegriff

Merkmalen, die untereinander in bestimmten Abhängigkeitsbeziehungen stehen[72]. Vor allem aber ist gegen diese Auffassung einzuwenden, daß sie die Abstufbarkeit des Typus und seinen gegenüber dem Allgemeinbegriff größeren Inhaltsreichtum nicht zu erklären vermag.

Der wesentliche Unterschied zwischen Begriff, Typus und Individuum muß vielmehr in der materiellen Verschiedenheit ihrer Inhalte, genauer: in der logischen Verschiedenheit der Auswahl der sie konstituierenden Merkmale gesehen werden.

Der durch die Definition[73] bestimmte Inhalt des Begriffs ist nach wohl unangefochtener Lehre der traditionellen Logik die Gesamtheit der Merkmale oder Einzelvorstellungen, die notwendig und ausreichend sind, um den bezeichneten Denkgegenstand von allen übrigen zu unterscheiden (konstitutive Merkmale)[74]. Selbst wo diese Bestimmung des Begriffsinhalts nicht ausdrücklich gegeben wird, liegt sie allen Lehren zugrunde, die den Satz von der Reziprozität von Inhalt und Umfang des Begriffs enthalten, also die Feststellung, daß mit zunehmendem Inhalt des Begriffs sein (logischer) Umfang, die Anzahl der ihm untergeordneten Begriffe (Arten), abnehme und umgekehrt[75]. Umfaßte der Inhalt des Begriffs mehr als die in ihrer Gesamtheit zur Unterscheidung notwendigen Merkmale, so würde nicht unbedingt mit der Weglassung einer dieser Bestimmungen (Abstraktion) ein neuer, weiterer Begriff entstehen, wie umgekehrt durch Hinzufügung eines weiteren Merkmals (Determination) nicht notwendig ein anderer, engerer Begriff gebildet würde, wenn der ursprüngliche nicht bereits sämtliche zu seiner Unterscheidung von allen übrigen Vorstellungsinhalten ausreichenden Bestimmungen enthielte. Die genaue Unterscheidung wird erreicht durch Angabe der nächst höheren Gattung und der Differenz; für die exakte

---

[72] Vgl. bes. die grundlegenden Ausführungen bei *Sigwart* § 42 (4) und *Lotze*, S. 46 f., der allerdings vorher S. 43 — aber wohl nur zufällig — von einer „Summe" von Einzelvorstellungen spricht. Ferner Überweg § 50, *Rickert*, Zur Lehre von der Definition, S. 63 f., Heinrich *Maier*, S. 525, *Burkamp* § 176 und *Erdmann*, Logik, §§ 147, 161 und bes. § 166 mit dem Hinweis, daß die formalistische mathematisierende Deutung des Begriffsinhalts als Summe oder Produkt der Merkmale stoischen Ursprungs sei und nicht nur zu logischen Spielereien Anlaß gegeben, sondern auch den Boden der überlieferten Lehre vom Begriff verflacht und dadurch insbesondere die herbe Kritik Hegels hervorgerufen habe.

[73] Das Wort „Definition" bezeichnet hier den Akt des Definierens, nicht dessen Produkt. Die Definition im letzteren Sinne ist völlig identisch mit dem Begriffsinhalt. Vgl. *Rickert*, a.a.O., S. 57.

[74] So ausdrücklich *Erdmann*, a.a.O.; nicht ganz eindeutig, da ohne Hinweis auf die zur Unterscheidung ausreichenden Merkmale: *Lotze*, S. 42 f., *Wundt*, S. 40, *Burkamp* § 80, Überweg § 49.

[75] So faktisch alle Vertreter der traditionellen Logik: Vgl. bereits *Fries* § 20, weiter *Überweg* § 54, *Sigwart* § 42, *Lotze*, S. 43, 50, *Erdmann* § 178, *Burkamp* § 182, auch Heinrich *Maier*, S. 548 f.

Definition wird daher bekanntlich seit Aristoteles[76] gefordert, daß sie aus diesen beiden Bestandteilen (genus proximus und differentia specifica) zu bestehen habe[77].

Demgegenüber ist der Typus nicht auf Unterscheidung, sondern auf Beschreibung eines Vorstellungsinhalts angelegt. Sein Inhalt umfaßt nicht die zur Unterscheidung notwendigen, sondern die zur Beschreibung gehörigen, d. h. die unter einem bestimmten Gesichtspunkt charakteristischen, die „typischen" Merkmale. Damit rückt der Typus in die Nähe des Individuums: Der Denkvorgang der Auswahl der Typenmerkmale hat die gleiche logische Struktur wie der — von Rickert gültig dargestellte — der Konstituierung des Individuums, nur daß nicht ein schlechthin Einmaliges, sondern (zumindest potentiell) mehrfach Vorhandenes beschrieben wird[78].

Bei der Darlegung der logischen Struktur des Individuums ist mit Rickert[79] davon auszugehen, daß infolge der unendlichen intensiven und extensiven Mannigfaltigkeit des Seins kein Objekt dem anderen gleicht, ein Blatt, ein beliebiges Stück Schwefel oder Kohle daher ebenso einzigartig sind wie etwa der berühmte Diamant Cohinoor oder wie Kant oder Goethe. Individuen im eigentlichen Sinne, wie sie vor allem Gegenstand der historischen Wissenschaft sind, werden Seinsobjekte durch ihre Bezogenheit auf einen Wertgesichtspunkt, unter dem sie zu nicht zu teilenden Ganzheiten, zu In-dividuen im wörtlichen Sinne werden. So sind das Stück Kohle wie der Cohinoor gleichermaßen einzigartig und auch faktisch teilbar. Während jedoch die Teilung der Kohle ein gleichgültiger Vorgang wäre, ist der Cohinoor wegen seines auf seiner Einmaligkeit beruhenden Wertes eine nicht zu teilende Einheit. Um mit Rickert zu sprechen: „Das Einzigartige ist dann zugleich notwendig ein nicht zu Teilendes oder ein In-dividuum im engeren Sinne des Wortes, wenn seiner Einzigartigkeit eine unersetzliche Bedeutung zukommt[80]." Damit sondern sich aus der unübersehbaren extensiven Mannigfaltigkeit des Seins Gegenstände aus, die nicht nur als Exemplare allgemeiner Begriffe in Betracht kommen, sondern durch ihre Wertbezogenheit für Stellung nehmendes menschliches Denken zu In-dividuen, zu unersetzbaren, nicht zu teilenden Ganzheiten werden. Dabei ist weiter mit Rickert festzustellen, daß die Bedeutung der Individualität dieser zu In-dividuen gewordenen Objekte nicht auf der Gesamtheit dessen be-

---

[76] Topik I, 8.
[77] Vgl. z. B. *Überweg* § 60, *Lotze*, S. 198 f., *Sigwart*, a.a.O., *Rickert*, a.a.O., S. 3 ff., 75 ff. Letzterer a.a.O. auch dazu, daß diese Forderung bei Aristoteles freilich einen metaphysischen Hintergrund hat.
[78] Ebenso *Larenz*, a.a.O., S. 335.
[79] Grenzen der naturwissenschaftlichen Begriffsbildung, S. 339 ff., 350 ff.
[80] Grenzen, S. 350.

1. Der Typusbegriff

ruht, was ihre inhaltliche (intensive) Mannigfaltigkeit ausmacht. Diese Mannigfaltigkeit besteht wie bei jedem Seinsgegenstand aus unübersehbar vielen Bestimmungen, und nur an einem Teil von ihnen hängt die Unersetzlichkeit der Individualität. Nur dieser Teil wird berücksichtigt, wenn etwa der Diamant Cohinoor oder die Persönlichkeiten Kants oder Goethes beschrieben werden. Die Fülle der Merkmale, die diesen Individuen sonst noch zukommen, könnte auch anders sein, ohne daß ihre Bedeutung dadurch modifiziert oder aufgehoben würde. Individuen im engeren Sinne sind demnach durch ihre mit ihrer empirischen Einmaligkeit verknüpfte Bedeutung für das Stellung nehmende menschliche Denken aus der unendlichen extensiven und intensiven Mannigfaltigkeit des Seins herausgelöste Merkmalskomplexe, die damit nicht nur einmalige, sondern zugleich unersetzliche und nicht zu teilende Einheiten bilden.

Beim Typus als einer Denkform des Allgemeinen muß die dem Individuum zukommende Einmaligkeit und damit verbundene Einzigartigkeit naturgemäß entfallen. Darin — und nur darin — liegt die Verschiedenheit der logischen Strukturen beider Denkgebilde.

Auch der Typus ist ein durch seine Bedeutung für das Stellung nehmende Denken aus der Fülle des Seins sich abhebender Komplex von Bestimmungen[81], wie überhaupt nur als bedeutsam sich Aufdrängendes, durch seine Bedeutung Aufgehendes, Gegenstand der Wahrnehmung und des Denkens sein kann, so daß in Parallele zu den durch die moderne biologische Forschung aufgehellten tierischen Lebenswelten auch dem Menschen nur bestimmte Schichten und Ausschnitte des Seins zur Umwelt werden, während andere, da „unbefragt", im Dunkel bleiben[82]. Beim Typus ist aber im Gegensatz zum Individuum die Bedeutsamkeit nicht mit der empirischen Einmaligkeit verbunden. Für diese Verknüpfung besteht keine logische Notwendigkeit. Die von Rickert aufgestellte, für den Neukantianismus äußerst bedeutsame Alternative, nach der alle Seinsgegebenheiten entweder Individuen sind oder nur als Exemplare von Gattungsbegriffen (deren Herkunft fraglich bleibt[83]) in Betracht kommen[84], ist nicht zwingend. Einmal sind logisch notwendig nur solche Merkmalskomplexe einmalig, die exakte Determinanten der Zeit und des Ortes enthalten. Da jedoch nach gültiger Einsicht Rickerts die

---

[81] Vgl. zu dem analogen Vorgang des Heraushebens sachlogischer Strukturen *Stratenwerth*, Das rechtstheoretische Problem der Natur der Sache, S. 13 ff., 17. Zur Unterscheidung zwischen Typus und sachlogischen Strukturen unten S. 40, Anm. 92.

[82] Erich *Rothacker*, Die dogmatische Denkform in den Geisteswissenschaften und das Problem des Historismus, S. 41, 46.

[83] Vgl. *Welzel*, Naturalismus und Wertphilosophie im Strafrecht, S. 45.

[84] Grenzen, S. 350.

gesamte intensive Mannigfaltigkeit eines Seinsgegenstandes von vornherein nicht im logischen Denken erfaßt werden kann, müssen Raum- und Zeitstelle eines Objekts nicht unbedingt zu den durch ihre Bedeutung aus der Fülle des Seins herausgelösten Bestimmungen gehören. So werden beispielsweise für die Beschreibung des Cohinoors oder der Persönlichkeiten Kants oder Goethes die ihre Einmaligkeit im logischen Sinne begründenden Determinanten der Zeit und des Ortes unwesentlich sein. Zum anderen hängt aber auch die einen Komplex von Bestimmungen aus der unendlichen Mannigfaltigkeit des Seins heraushebende Bedeutsamkeit nicht notwendig von der — logisch bloß zufälligen — faktischen Einmaligkeit ab. Es bedarf keiner Begründung dafür, daß Merkmalskombinationen auch trotz oder gerade wegen ihres mehrfachen Vorkommens von Bedeutung für das Stellung nehmende Denken sein können. Die Ursachen der Bedeutsamkeit können dabei verschiedenster Art sein. Bemerkenswert ist jedenfalls, daß entsprechend den Gründen, auf denen die den Typus aus der Mannigfaltigkeit des Seins herauslösende Bedeutung beruht, verschiedene Typenkategorien unterschieden werden: Merkmalsinbegriffe, die wegen der besonderen Häufigkeit ihres Auftretens bedeutsam sind, werden Häufungstypen, solche die unter einem bestimmten Wertgesichtspunkt als vorbildlich angesehen werden, Idealtypen (im axiologischen, nicht im logischen Sinne), solche Komplexe von Bestimmungen, die die Eigenschaften einer Gruppe von Gegenständen in besonders ausgeprägtem Maße aufweisen, repräsentative Typen genannt[85].

Auch die Objekte der Geschichtswissenschaft — nach Rickert, der die individualisierende Begriffsbildung mit der historischen gleichsetzt, der Hauptanwendungsbereich individualisierenden Denkens — sind keineswegs nur Individuen: Rickert selbst führt als Beispiel historischer Begriffsbildung „die Deutschen" und „die Griechen" an, ohne freilich den Ausdruck „Typus" in diesem Zusammenhang zu gebrauchen und ohne hervorzuheben, daß diese Bezeichnungen jedenfalls nicht Individuen zum Gegenstand haben[86].

Die Vielfalt der möglichen Bedeutungsursachen erfährt nur eine formelle Einschränkung: Die Bedeutsamkeit eines Merkmalskomplexes darf nicht auf seiner Einzigartigkeit beruhen, sonst würde es sich um

---

[85] Durch die Unterscheidung dieser verschiedenen Typenkategorien ist offenbar häufig die Klärung der allen Arten gemeinsamen logischen Struktur verhindert worden. Vgl. z. B. *Haller*, S. 15, *Engisch*, Idee, S. 237 ff., 262 f. Es sei hervorgehoben, daß die logische Struktur des Typus von der Art des Auswahlgesichtspunktes unabhängig ist.

[86] Grenzen, S. 297. *Rickert* behandelt an anderer Stelle das Phänomen des Typus (wohl nur bloß zufällig, vgl. unten S. 44) nur oberflächlich und ohne auf seine logische Struktur einzugehen. Er führt aus, daß Gegenstand der Geschichtswissenschaft nicht das Typische im Sinne des Durchschnittlichen oder Vorbildlichen sei, Grenzen, S. 360 f.

1. Der Typusbegriff

ein Individuum, nicht um einen Typus handeln. Die — unter dem Bedeutungsgesichtspunkt zufällige — faktische Einmaligkeit oder Mehrmaligkeit ist damit für die logische Struktur des Typus irrelevant. Jeder aus der Mannigfaltigkeit des Seins als bedeutsam sich aufdrängende Inbegriff von Bestimmungen kann den Inhalt eines Typus bilden, sofern seine Bedeutsamkeit nicht mit seiner Einzigartigkeit verknüpft ist. Damit erfährt der oben zitierte Ausspruch Whewells, daß der Typus durch ein Musterbild gegeben werde, seine logische Begründung. Der Typus und seine Einzelexemplare sind gleiche Merkmalskomplexe, da sie unter einem und demselben Bedeutungsgesichtspunkt aus der Fülle des Seins herausgelöst sind. Der Typus als das einer Vielzahl von Objekten zukommende Allgemeinbild kann dargestellt werden, indem ein einzelner Repräsentant beschrieben wird, denn die nicht typischen, dem Gegenstand in seiner intensiven Mannigfaltigkeit sonst noch zukommenden Bestimmungen bleiben außer Betracht, da sie dem durch den Bedeutungsgesichtspunkt bestimmten Kreis von Merkmalen nicht angehören.

Damit wird weiterhin verständlich, weshalb zwischen dem Typus als dem einer Vielzahl von Objekten zukommenden Allgemeinbild und als einzelnem der Gruppe zugehörenden Gegenstand nicht immer unterschieden, der Ausdruck „Typus" vielmehr auch zur Bezeichnung eines einzelnen, für eine Gruppe charakteristischen Gegenstandes verwendet wird, so wenn man z. B. Rothenburg den „Typus der mittelalterlichen Stadt" nennt[87]. Der Merkmalsinbegriff „Rothenburg" kommt hier nicht als Individuum in Betracht; von seiner Einzigartigkeit wird abgesehen und aus seiner intensiven Mannigfaltigkeit als bedeutsam nur das abgelöst, was auch sonst noch vielfach — vielleicht nur nicht so ausgeprägt — als historisch bemerkenswertes, besonderes Zusammensein von Merkmalen in Erscheinung tritt.

Aus seiner logischen Struktur ergibt sich damit zunächst, daß der Typus nicht als ein unabhängig von einem anschauenden rezipierenden Subjekt gegebenes Objekt der Erkenntnis gedacht werden kann. Der Typus ist nichts objektiv und unveränderlich Vorgegebenes, vielmehr ist sein Inhalt bedingt durch die Perspektive unter der er als ein Stück Sein in den Blick kommt, als bedeutsam sich aufdrängt und sich abhebt von der unendlichen Mannigfaltigkeit des Seienden. Der Typeninhalt ist notwendig abhängig vom Standort, von der Situation, von der aus dem Stellung nehmenden Denken bestimmte Blickrichtungen und Fragestellungen möglich werden[88]. Das Phänomen des Typus zwingt damit

---

[87] Vgl. auch *Engisch*, Idee S. 264 m. w. Bsp., *Heyde*, a.a.O., S. 236 f., *Peters*, a.a.O., S. 93, 103 f.; weiterhin Heinrich *Maier*, a.a.O., S. 570 f., der das Typenobjekt als „fingiertes Individualobjekt" auffaßt, das der Repräsentant sämtlicher aktuell-wirklicher Einzelexemplare sei, die das Typenbild aufweisen.

[88] Zur Bedeutung der „Perspektivität" in den Geisteswissenschaften vgl. *Rothacker*, a.a.O.

zur Aufgabe der aus der klassischen Naturwissenschaft entlehnten Vorstellung der Subjekt-Objekt-Spaltung, deren Überwindung bereits Nietzsche hellsichtig vorweggenommen hatte[89] und die sich auch im naturwissenschaftlichen Bereich teilweise als unhaltbar erwiesen hat[90]. Die Relationalität zwischen Typus und dem geschichtlich bedingten, Stellung nehmenden Denken wird besonders deutlich bei der Kategorie der axiologischen Idealtypen (zu denen, wie noch zu zeigen sein wird, die Standards gehören): Der Typus des vorbildlichen Beamten, des idealen Staatsmannes verändert sich in der Geschichte, er kann nicht losgelöst von einem bestimmten historischen Standort gedacht werden[91].

Ist der Typus sonach bestimmt als ein Inbegriff von Merkmalen, der durch seine nicht auf seiner empirischen oder logischen Einmaligkeit beruhende Bedeutung für das Stellung nehmende Denken aus der Fülle des Seins sich aufdrängt und abgelöst wird[92], und damit unterschieden vom Individuum als dem auf Grund seiner Einmaligkeit bedeutsamen Merkmalskomplex, so ist nunmehr die Abgrenzung in Bezug auf die andere Denkform des Allgemeinen, den Begriff, vorzunehmen.

---

[89] Wille zur Macht, Aph. 552: „Geben wir den Begriff ‚Subjekt' und ‚Objekt' auf, dazu auch den Begriff ‚Substanz'..." Aph. 560: „Daß die Dinge eine Beschaffenheit an sich hätten, ganz abgesehen von der Interpretation und Subjektivität, ist eine ganz müßige Hypothese: es würde voraussetzen, daß ein Ding aus allen Relationen gelöst noch ein Ding sei." Vgl. auch *Jaspers*, Einführung in die Philosophie, S. 76 f.: „Alles Sein für uns ist Ausgelegtsein... Was immer wir wissen, es ist nur ein Lichtkegel unseres Auslegens in das Sein oder das Ergreifen einer Auslegungsmöglichkeit."

[90] Gegenüber der von *Heisenberg* aufgewiesenen Unbestimmtheitsrelation in der Mikrophysik, vgl. dazu C. F. von *Weizsäcker*, Zum Weltbild der Physik, S. 42 ff., 84 f.

[91] Die damit im Typendenken gegebene Struktur des Verstehens wird noch näher darzulegen sein. Vgl. unten S. 58 ff.

[92] Das von *Welzel* (Naturrecht und materiale Gerechtigkeit S. 197 ff., ferner: Um die finale Handlungslehre S. 9 ff.; Naturrecht und Rechtspositivismus, in: Festschr. f. Niedermeyer, S. 290 ff.) und *Stratenwerth*, a.a.O., S. 7 ff. beschriebene Phänomen der sachlogischen Strukturen — etwa die ontologische Struktur der Handlung als menschlicher Zwecktätigkeit oder die der Schuld — unterscheidet sich vom Typus durch seine Konstanz. Beim Typus ist das Zusammensein der Merkmale zwar ein in der Realität oder durch Verstehenszusammenhänge Vorgegebenes, aber kein Notwendiges. Es gibt Ausnahmen, atypische Gestalten und Gegentypen. Sachlogische Strukturen im Sinne Welzels sind demgegenüber ontologische Zusammenhänge, die mit naturgesetzlicher Notwendigkeit nur so und nicht anders sein können. Sie sind vorgegebene, unter bestimmten Gesichtspunkten als bedeutsam sich erweisende und daher rechtlicher Regelung zugrundegelegte Gesetzmäßigkeiten, während Typen nur Zusammennahmen vorgegebener Ähnlichkeiten, höchstens Regelmäßigkeiten darstellen. In einem weiteren, auch den Bereich des Typus mit einbeziehenden Sinne wird der Begriff „sachlogische Struktur" etwa von *Esser*, Grundsatz und Norm, S. 208 ff., gebraucht. Dort bezeichnet er vorgegebene Sachzusammenhänge, die so oder auch anders sein können, d. h. typische Situationen, Interessenlagen und Problemzusammenhänge.

1. Der Typusbegriff

Auch Begriffe sind Kombinationen von Merkmalen; auch die Begriffsbildung erfolgt im Allgemeinen nicht willkürlich, sondern nach bestimmten Zweckgesichtspunkten als Auswahlprinzipien, also auf Grund der Bedeutung der Merkmalskombination[93]. Die Unterscheidung zwischen Typus und Begriff tritt zutage, wenn man die oben gegebene Bestimmung des Begriffsinhalts zum Vergleich heranzieht: Der Begriff hat nur die zur Unterscheidung von anderen Vorstellungsinhalten notwendigen und ausreichenden Merkmale zum Inhalt. Er enthält also nicht unbedingt alle Bestimmungen, die unter dem zu seiner Bildung führenden Wertgesichtspunkt bedeutsam sind. Der Begriffsinhalt stellt damit eine Auswahl aus den Typenmerkmalen dar: Aus den bezeichnenden, bedeutsamen, in ihrer Gesamtheit zur Ablösung des Merkmalskomplexes aus der Fülle des Seins führenden Bestimmungen werden diejenigen ausgesondert und in der Definition des Begriffs zusammengefügt, die zur Unterscheidung des im Typus beschriebenen Denkinhalts von allen übrigen notwendig und ausreichend sind[94]. Der Begriff ist demnach logisch eine Fortentwicklung des Typus, Typendenken ursprünglich ein dem begrifflichen Denken gegenüber primitiveres Verfahren, eine Vorstufe[95]. Dieser Sachverhalt wird besonders deutlich in der Darstellung der Begriffsbildung durch Sigwart, der zur Begründung seiner These, daß die Allgemeinheit nicht das Wesen des Begriffs sei, ausführt: „Schon durch unwillkürlich wirkende psychologische Gesetze entstehen einerseits aus mannigfaltigen ähnlichen Anschauungen Gesamtbilder, in welchen die Differenzen der einzelnen Bilder untergegangen sind, verschiebbare Schemate" ... „es findet ... ein Verlust des Unterschiedenen und ein Festhalten des Gemeinsamen statt, nur nicht vollständig, weil nicht auf Grund bewußter Vergleichung und Unterscheidung der einzelnen Merkmale". Diese habe eine bewußte Vergleichung nachzuholen[96], um zur Bildung von Begriffen zu gelangen, deren Wesen nach Sigwart, wie oben erwähnt, „die feste Begrenzung und Unterscheidung gegenüber von allen übrigen" ist[97].

Die „Gesamtbilder", die „verschiebbaren Schemate", von denen Sigwart spricht, aus denen durch bewußte Vergleichung Begriffe geformt

---

[93] Vgl. vor allem *Rickert*, Lehre von der Definition, S. 37 ff. mit besonderer Erörterung juristischer Definitionen; auch *Larenz*, a.a.O., S. 324.
[94] Vgl. auch *Lotze*, S. 198 f., der die Definition, die „methodische Beschreibung" nennt und ausführt, daß durch die Forderung des Gattungsbegriffs der „willkürliche und launenhafte Gang der Beschreibung eingeschränkt" werde.
[95] *von Aster*, a.a.O.; *Kretschmer*, Studium *Generale*, a.a.O., S. 400; *Radbruch*, a.a.O., S. 53; H. J. *Wolff*, a.a.O., S. 196. Dies gilt nicht nur in logischem Sinne, sondern zugleich geistesgeschichtlich: Der mittelalterliche Mensch dachte weitgehend typologisch, während begrifflich exaktes Denken erst mit dem Entstehen der modernen Naturwissenschaft sich ausbreitet, *Zittel*, a.a.O., S. 382.
[96] Logik, Bd. I, S. 331.
[97] a.a.O., S. 324.

werden, können nur als Typen klassifiziert werden. Bestätigt wird diese Annahme, wenn man den von Sigwart dargestellten Vorgang ihrer Entstehung mit Ausführungen Kretschmers vergleicht, der die psychologische Operation der Bildung von Häufungstypen wie folgt beschreibt: „Es werden fortlaufend die einfallenden empirischen Bilder integriert, wobei die häufiger vorkommenden Merkmale sich verstärken und immer deutlicher heraustreten, während seltene oder einander widersprechende Merkmale sich verwischen. Das resultierende hochintegrierte Bild bezeichnen wir als Typus... Dieser Integrationsvorgang ist nichts Willkürliches oder Beliebiges, sondern etwas streng Gesetzmäßiges, was seinerseits einer Grundarbeitsweise unserer hirnphysiologischen Apparate entspricht[98]."

Die Ausführungen Sigwarts zeigen den entscheidenden logischen Schritt vom Typus zum Begriff auf: es ist die zur exakten Abgrenzung führende „bewußte Vergleichung" von Vorstellungsinhalten. Begriff wie Typus haben als Denkformen des Allgemeinen das einer Vielzahl von Gegenständen Gemeinsame oder Ähnliche zum Inhalt, welches unter einem bestimmten Zweck- oder Auswahlgesichtspunkt für das Stellung nehmende menschliche Denken Bedeutung gewinnt. Beim Typus ist dieses Gemeinsame und Ähnliche als Merkmalskomplex Gegenstand einer möglichst vollständigen Beschreibung. Die begriffliche Fixierung erfordert darüber hinaus eine erweiterte Blickrichtung: Andere und in ihrer Andersartigkeit erkannte Objekte müssen mit in die Betrachtung einbezogen werden; es muß verglichen werden, um das Unterscheidende herauszufinden und festzuhalten. Der zur eindeutigen Abgrenzung führende Vergleich mehrerer verschiedener Vorstellungsinhalte ist das Grunderfordernis begrifflichen Denkens[99], wobei freilich der ursprüngliche Vorgang, die vollständige Inhaltsangabe, die Beschreibung des einen in der Realität als bedeutsam bemerkten Gegenstandes, verloren geht: „Mehr als die präzise Einteilung der Gegenstandsbereiche kann der Begriff nicht leisten[100]." Der oben[101] zitierte Ausspruch Radbruchs, daß nicht das Umfassen eines Denkinhalts, das „Begreifen", sondern das „Begrenzen" die Hauptleistung des Begriffs sei, erweist sich damit als begründet. Die Inhaltsangabe, das Umfassen von Denkinhalten

---

[98] a.a.O., ebenso ders. in: Körperbau und Charakter, S. 15. Ganz ähnlich beschreibt bereits *Kant* die Entstehung der „Normalidee", des Gesamtbildes einer Gattung, Kritik der Urteilskraft § 17, dazu näher unten S. 77. Vgl. ferner auch Edmund *Husserl*, Erfahrung und Urteil, S. 224, zum psychologischen Grundvorgang, bei dem sich das Gemeinsame „deckt", das Differente scheidet. Siehe weiterhin auch W. A. *Scheuerle*, Rechtsanwendung, S. 167.
[99] Zumindest mißverständlich daher die Formulierung Heinrich *Maiers*, die begriffliche Abstraktion sei auf Gleichsetzung, die anschauliche auf Unterscheidung gerichtet, Philosophie der Wirklichkeit, Bd. I, S. 201, Bd. II, S. 519.
[100] *Haller*, S. 25.
[101] Oben S. 33.

1. Der Typusbegriff

bleibt dem Typendenken vorbehalten. Im Typus wird der durch seine Bedeutsamkeit aus der Mannigfaltigkeit des Seins herausgelöste Merkmalskomplex beschrieben, nicht von anderen unterschieden. Die sichere Abgrenzung bleibt außer Betracht. Damit ist der Typus dem Begriff gegenüber zunächst ein Mehr, sein Inhalt ist — wie in der Literatur verschiedentlich bemerkt wird[102] — reicher als der des Begriffs. Unterfallen dem Typus die gleichen Objekte wie einem Klassenbegriff — dies ist, wie noch näher auszuführen sein wird, bei Gattungstypen möglich — so umfaßt der Typus den Begriffsinhalt, dazu jedoch weitere, „typische" Merkmale. So enthält beispielsweise der Typus „mittelalterliche Stadt" außer den die Begriffsdefinition ausmachenden Bestimmungen „in der Geschichtsepoche des Mittelalters erbaute Stadt" eine Fülle weiterer Charakteristika, wie etwa das Vorhandensein von Stadtmauern, Toren und Türmen bestimmter Bauweise usw. Aus seinem Inhaltsreichtum folgt zugleich die dem Begriff gegenüber größere Anschaulichkeit des Typus: da er eine größere Anzahl von Merkmalen seiner Objekte enthält als der Begriff, wird der Vorstellungskraft mehr Anhalt geboten, die einzelnen Bestimmungen fügen sich leichter als die Begriffsmerkmale zu einem anschaulichen Ganzen zusammen. Die Anschaulichkeit ist also — entgegen der Lehre Heinrich Maiers[103] — nur die Folge der logischen Struktur des Typus, nicht sein Grundwesensmerkmal.

Mit seinem größeren Inhaltsreichtum ist der Typus enger an die Wirklichkeit angelehnt, er ist zunächst in diesem Sinne „realitätsnäher" und damit konkreter als der Klassenbegriff[104].

Aber noch in einem anderen, bedeutsameren Sinne unterscheiden sich Typus und Begriff hinsichtlich ihres Verhältnisses zur Wirklichkeit. Während beim Begriff irgendeine logische Bindung an die Realität nicht gegeben ist, vielmehr auch irreale und in sich widersprüchliche Merkmalskombinationen den Inhalt von Begriffen bilden können[105], ist der Typus grundsätzlich realitätsgebunden. Wie oben[106] bereits dargetan, besteht zwar keine logische Notwendigkeit dafür, daß Typenobjekte nur wirkliche oder wirklich gewesene Gegenstände sein können:

---

[102] *Larenz*, a.a.O., S. 340; *Engisch*, a.a.O., S. 251; *Strunz*, a.a.O., S. 412.
[103] Vgl. oben S. 25 ff.
[104] Wie bes. *Engisch*, S. 239, hervorhebt.
[105] *Burkamp*, S. 105; *Erdmann*, Logik, § 115; *Sigwart*, Logik, Bd. I, S. 326 f.; *Rickert*, Definition, S. 32, 52. Die auf seiner antinominalistischen Grundhaltung beruhende Beschränkung Heinrich Maiers auf den sogen. Realbegriff ist nicht logisch begründet. Maier unterscheidet vom Realbegriff den „angenommenen" und den „frei konstruierten" Begriff, die jedoch, da „nicht als Wirklichkeitsform legitimiert", für ihn außer Betracht bleiben, Philosophie der Wirklichkeit, Bd. II, S. 523 ff.
[106] Entgegen Heinrich *Maier*, a.a.O., S. 566.

bei den Formen des logischen Idealtypus ist das reale Vorkommen ihnen (voll) entsprechender Objekte ausgeschlossen. Auch die logischen Idealtypen — etwa Sprangers oder Max Webers — bleiben aber jedenfalls so eng an der Realität orientiert, daß ihnen entsprechende Objekte nicht nur als möglich vorgestellt werden können (dies ist auch bei frei konstruierten Merkmalskombinationen der Fall, sofern sie nur in Übereinstimmung mit den logischen und naturwissenschaftlichen Gesetzen gebildet werden), sondern darüber hinaus vorgegebenen Verstehenszusammenhängen adäquat erscheinen[107]. Der Typus ist in jeder seiner verschiedenen Formen „zwar eine Abstraktion, aber eine solche, die sich auf eine in der Natur vorgefundene Ordnung bezieht"[108].

Realität oder zumindest „gesteigerte Potentialität" sind nun nicht bloß empirisch-zufälliges Attribut der Denkform des Typus, sondern ergeben sich mit Notwendigkeit aus seiner logischen Struktur. Da der Typus nicht nur aus abgrenzenden, zur Unterscheidung notwendigen Merkmalen besteht — er wäre sonst mit dem Klassenbegriff identisch — sondern zusätzliche, d. h. bedeutsame, aber nicht unbedingt unterscheidende Bestimmungen aufweist, setzt er die Koppelung von Merkmalen als vorgegeben voraus. Wo nicht empirische oder durch Verstehenszusammenhänge gegebene — damit aber letztlich auch in der Realität begründete — Verbindungen von Merkmalen vorgegeben sind, fügt jede Bestimmung dem Komplex etwas Neues hinzu, grenzt als differentium specificum seinen Umfang enger ab und ist also zur Unterscheidung notwendig. Es bleibt bei der Begriffsdefinition, Typenbeschreibung ist nicht möglich. Der Sprachgebrauch, der für den Vorgang der Inhaltsbestimmung bei Begriff und Typus zwischen „definieren" und „beschreiben" unterscheidet, erweist sich hier als richtig: „beschrieben" wird nur in der Realität oder durch Verstehenszusammenhänge Vorgegebenes, während die Definition nicht Vorstellungsinhalte wiedergibt, sondern selbständig konstituiert. Ist also das Zusammensein der Typenmerkmale unabhängig von deren Bedeutung für das Stellung nehmende Denken vorgegeben, so setzt damit das typologische Verfahren vorgegebene, dem Sein immanente Strukturen, Gleichmäßigkeiten, Affinitäten voraus[109,110].

---

[107] Vgl. die Darstellung der Weberschen und Sprangerschen Idealtypen oben S. 29 ff. und insbesondere Max *Weber*, a.a.O., S. 192: „Es handelt sich (bei der Bildung von Idealtypen) um die Konstruktion von Zusammenhängen, welche unserer Phantasie als zulänglich motiviert und also ‚objektiv möglich' unserem nomologischen Wissen als adäquat erscheinen." Zum Wirklichkeitscharakter des Weberschen Idealtypus auch *Schieder*, a.a.O., S. 231.
[108] *Troll-Meister*, a.a.O., § 5, ähnlich *Larenz*, S. 349 und auch *Engisch*, S. 339 f.
[109] Vgl. August *Seiffert*, a.a.O., S. 18: Typologien seien nur möglich „durch eine ontisch auch aufs Typische angelegte Welt". Vgl. auch *Troll-Meister*, a.a.O.
[110] Diese Feststellung läßt verständlich werden, weshalb Rickert seine Dar-

Der ideale Bedeutungs-, Wert- oder Zweckgesichtspunkt hat für die logischen Strukturen von Individuum und Typus einerseits und Begriff andererseits damit verschiedene Funktionen. Zwar „bestimmt" er bei allen drei Denkgebilden deren Inhalt, doch kann darin nur bei oberflächlicher Betrachtung (der offenbar auch Rickert erlegen ist) jeweils der gleiche Vorgang gesehen werden. Bei der Begriffsbildung ist die Bedeutung, der Wert für das Stellung nehmende Denken der Zweck, das Motiv, das zur Zusammenfügung der einzelnen Merkmale im Begriff führt. Beim Individuum wie beim Typus dagegen bewirkt die Bedeutsamkeit das Heraustreten des bereits zusammenseienden Merkmalskomplexes aus der Fülle des Seins und damit zugleich seine Begrenzung. Das nicht Bedeutungsvolle bleibt unbeachtet, bleibt im „Dunkel". Der Wert ist hier Ursache des Heraustretens des Merkmalskomplexes aus der Mannigfaltigkeit des Seins, bei der Begriffsbildung dagegen Zweck seiner erst noch zu bewerkstelligenden Konstituierung. Typus und Individuum stehen damit zum Bedeutungsgesichtspunkt in engerer Beziehung als der Begriff. Bei der Begriffsbildung bleibt der Wert als bloßes Motiv gleichsam im Hintergrund: das Produkt, der fertige Begriff, ist ein von dem zu seiner Bildung führenden Zweckgesichtspunkt logisch unabhängig konstituierter Vorstellungsinhalt. Die Begriffsbildung kann ihren Zweck auch verfehlen, dennoch gelangt der Begriff zur Entstehung. Hinzu kommt, daß im Begriff Vorstellungsinhalte nicht positiv

---

stellung der individualisierenden Begriffsbildung nicht auf die typologische ausgedehnt, sondern sich auf die Untersuchung der logischen Struktur solcher Merkmalskomplexe beschränkt hat, deren Bedeutung gerade mit ihrer Einmaligkeit verknüpft ist (In-dividuen).In der Rickertschen Wertphilosophie (wie im Neukantianismus überhaupt) ist die extensive und intensive Mannigfaltigkeit des Seins bekanntlich ein ungeordnetes und ungegliedertes Chaos, das erst im Stellung nehmenden Denken durch seine Bezogenheit auf irreale, regulative Werte, gleichsam „von außen" seine Ordnung empfängt (vgl. *Rickert*, System der Philosophie, Bd. I, S. 50; ders., Der Gegenstand der Erkenntnis, S. 369, 374. Kritisch dazu Erich *Kaufmann*, Kritik der neukantischen Rechtsphilosophie, bes. S. 35 ff., sowie *Welzel*, Naturalismus und Wertphilosophie im Strafrecht, S. 41 ff.). Diese Grundannahme wird weder durch die von Rickert beschriebene individualisierende noch durch die generalisierende Begriffsbildung in Frage gestellt. Die logische Struktur des Individuums setzt dem Sein immanente Ordnungen nicht voraus, weil beim Individuum per definitionem die Bedeutsamkeit des Merkmalskomplexes mit seiner Einmaligkeit verknüpft ist: Ein (zwar vorgegebenes aber) einmaliges Zusammensein von Bestimmungen ergibt noch keine Ordnung. Im begrifflichen Denken andererseits wird das realiter vorgegebene Zusammensein der Merkmale nicht vorausgesetzt. Mit der Beschränkung auf das Unterscheidende, zur Abgrenzung Notwendige eines Vorstellungsinhaltes löst sich der Begriff von der noch beim Typus gegebenen logischen Bindung an die Realität. Nicht diese, sondern nur der „Bedeutungsgesichtspunkt" als Zweck der Begriffsbildung bildet hier das „einigende Band" (*Rickert*, Definition, S. 37 ff.). Woher die erkennenden empirischen Subjekte zu differenzierten Begriffen kommen sollen, wenn nicht durch Abstraktion aus vorgegebenen Strukturen, d. h. durch Umformung zwar, aber nicht eines factum brutum, sondern eines bereits differenzierten Seins, bleibt freilich unklar, vgl. *Welzel*, a.a.O., S. 45.

dargestellt, sondern negativ, durch Abgrenzung von allen anderen konstituiert werden. Auf Grund der logischen Struktur des Begriffs wird das unter dem zu seiner Bildung führenden Zweckgesichtspunkt Wesentliche daher vielfach nur mittelbar zum Begriffsinhalt. Zu den die Begriffsdefinition bildenden, zur Unterscheidung von allen anderen Vorstellungsinhalten notwendigen Bestimmungen müssen diejenigen Merkmale, die unter dem Zweckgesichtspunkt wesentlich sind, nicht unbedingt alle gehören. Sie werden dann nur mittelbar, als das durch die Definition Abgegrenzte, Teil des Begriffsinhalts. Der fertige Begriff läßt daher häufig nur schwer erkennen, welches Motiv seiner Bildung zugrundelag[111].

Anders beim Individuum und beim Typus: Sie können ohne ihren Bedeutungs- oder Wertgesichtspunkt nicht gedacht werden. Zwar sind sie als zusammenseiende Merkmalskomplexe im Sein vorgegeben, Gegenstand des Denkens aber werden sie nur, weil und soweit sie sich als bedeutsam dem Denken aufdrängen. Der Bedeutungs- oder Wertgesichtspunkt bestimmt damit zugleich ihre Begrenzung. In der Mannigfaltigkeit des Seins stehen Typus und Individuum im Zusammenhang mit unendlich vielen anderen Bestimmungen, die, da nicht vom Lichtkegel der Bedeutsamkeit erfaßt, als unwesentlich außer Betracht gelassen werden. Ferner bleiben im Typus und Individuum alle durch ihre Bedeutsamkeit sich aufdrängenden Merkmale beisammen. Die Beschreibungen des Typus und des Individuums enthalten alles unter dem Bedeutungsgesichtspunkt Wesentliche, aber auch nur dieses.

Die logisch zwingende Verbindung zwischen Merkmalskomplex und Wertgesichtspunkt findet ihren Ausdruck in der bereits erwähnten Tatsache, daß den verschiedenen Bedeutungsgesichtspunkten gemäß Typenkategorien unterschieden werden (Durchschnitts-Normal-Häufigkeits-Idealtypen etc.), während es entsprechende Einteilungen von Begriffsbildungen nicht gibt.

Man wird somit das typologische Denken gegenüber dem begrifflichen als eine einerseits mehr realitätsgebundene, andererseits — soweit der Bedeutungsgesichtspunkt einen Kulturwert darstellt — stärker wertbezogene Methode bezeichnen können[112].

---

[111] Vgl. etwa die Definition der Begriffe „Jugendlicher" und „Heranwachsender" in § 1, Abs. 2 JGG: Die für diese Begriffsbildung wesentlichen psychologischen Faktoren, die eine vom Erwachsenenstrafrecht verschiedene Regelung erfordern, gehen in diese Begriffe unmittelbar nicht ein.

[112] Die Hinwendung zum Typendenken, die mit *Engisch* (S. 237) seit einigen Jahrzehnten in allen Wissenschaftsbereichen festzustellen ist, mag damit in größerem Zusammenhang gesehen werden. Sie kann als Ausdruck und Teilaspekt der etwa seit dem ersten Weltkrieg auf nahezu allen Kulturgebieten einsetzenden Betonung des Sachlichen und des Sachgehalts gegenüber der bloßen Form gewertet werden. Im Bereich der bildenden Kunst tritt diese

1. Der Typusbegriff

Zugleich ist das Typendenken ein in jedem Falle „approximatives, tastendes Verfahren"[113]. Der Typus ist in jeder seiner verschiedenen Formen ein unscharfes, nicht deutlich begrenztes Gedankengebilde, da seine Bestimmungen entweder zur sicheren Unterscheidung nicht ausreichen oder er jedenfalls auch andere, nicht zur Abgrenzung notwendige Merkmale enthält. Stets bleibt ungewiß, welche seiner Bestimmungen ihn von anderen Gegenständen unterscheiden. Der Satz von der Reziprozität von Inhalt und Umfang gilt beim Typus nicht oder doch nur in sehr abgeschwächtem Maße. Während beim Begriff jede Veränderung seines Inhalts, d. h. das Hinzufügen oder Weglassen auch nur eines einzigen Merkmals, notwendig zur Bildung eines neuen Begriffs führt, der dem ursprünglichen entweder über- oder untergeordnet ist, hat das Weglassen oder Hinzufügen eines Typenmerkmals keineswegs notwendig zur Folge, daß der Typus ein anderer wird. Zwar gibt es auch beim Typus durch Über- und Unterordnung gekennzeichnete Stufenreihen, z. B. die biologischen Typen oder etwa die Reihe „Schwabe" — „Deutscher" — „Germane" usw.[114], bei denen der übergeordnete Typus jeweils den untergeordneten in sich birgt[115]. Der Übergang von einer Stufe zur anderen geschieht jedoch nicht durch das Hinzufügen oder Fortlassen jeweils eines einzigen Merkmals, sondern einer nicht genau abgrenzbaren Fülle von Merkmalen[116]. Der Typus ist ein grundsätzlich unscharfes Gedankengebilde[117].

Dieser Mangel bedeutet allerdings gleichzeitig einen Vorzug des Typendenkens gegenüber dem begrifflichen Denken: Da es beim Typus auf die feste Unterscheidung nicht ankommt, können durch fließende Übergänge miteinander verbundene Erscheinungsformen im Typendenken erfaßt werden, seine logische Struktur ermöglicht die Form des „Typus für flie-

---

Wendung wohl am augenscheinlichsten in der Architektur in Erscheinung; in der Philosophie zeigt sie sich etwa in der Abkehr vom Neukantianismus der Jahrhundertwende durch *Husserls* Phänomenologie und *Schelers* materiale Wertethik, die objektive Ontologie Nicolai *Hartmanns* usw. Vgl. dazu etwa Wilhelm *Sauer*, Zeitschr. f. phil. Forschung, Bd. XI, 1957, S. 54 ff.

[113] A. *Seiffert*, a.a.O., S. 6.
[114] Vgl. H. *Maier*, a.a.O., S. 566 ff.
[115] Vgl. vor allem *Troll-Meister*, in: Phil. Jahrbücher, Bd. 61, 1951, Kap. 2, § 4, die für die biologischen Typen das Phänomen der „Einschachtelung", der „Enkapsis" dahin beschreiben, daß „jeder Grundtypus in sich selbst wieder typenhafte Einheiten niederen Ranges ausgliedert, dergestalt, daß die untergeordneten Typen von den ihnen übergeordneten umschlossen werden". Vgl. auch *Troll* in: Studium Generale, Bd. IV, 1951, S. 376 ff., 384 und *Peters*, a.a.O., S. 107.
[116] Vgl. auch *Larenz*, S. 343; *Troll-Meister*, a.a.O.: Die einzelnen „Formenkreise" seien „mehr oder weniger scharf voneinander abgesetzt".
[117] *Haller*, a.a.O., S. 27; vgl. auch W. St. *Jevons*, The Principles of Science, S. 723 f.: „It would be a great mistake to suppose that this classification by types is a logically distinct method."

ßende Übergänge". Der Typus kann hier nur durch die Beschreibung von Repräsentanten, von konkreten Musterbildern dargestellt werden. Anders wäre eine Kennzeichnung nicht möglich, denn die Merkmale des Typus für fließende Übergänge reichen für eine feste Abgrenzung gegenüber anderen Vorstellungsinhalten nicht aus. Die Abgestuftheit, der fließende Übergang zu anderen Erscheinungsformen ergibt sich demnach nur als eine Möglichkeit der logischen Struktur des Typus, sie ist nicht ein notwendiges Wesensmerkmal, wie in der Literatur teilweise angenommen wird[118]. Ebenso undeutlich, unscharf, aber nicht abgestuft, nicht durch fließende Übergänge mit anderen Erscheinungsformen verbunden, ist die bereits behandelte Form des Gattungstypus. Dieser beinhaltet zur Unterscheidung ausreichende Bestimmungen, darüber hinaus jedoch weitere bezeichnende Merkmale, wobei offen bleibt, welche zur Abgrenzung in Betracht kommen und welche nicht[119].

Aus der grundsätzlichen Unschärfe des Typus folgt ferner die Möglichkeit kontinuierlicher Veränderungen axiologischer und empirischer Typen. Typenbilder können sich stetig mit der Zeit verschieben[120]. Solche Veränderungen des Typenbildes ergeben sich daraus, daß einzelne Merkmale im Laufe der Zeit stärker hervortreten, während andere schwächer werden oder ganz verschwinden und dafür neue hinzukommen. Dieser Vorgang kann entweder auf faktischen Veränderungen der als Typenobjekte in Betracht kommenden Gegenstände oder auf einer Verschiebung des für die Auswahl maßgeblichen Bedeutungsgesichtspunktes beruhen. Empirische Durchschnitts- oder Häufigkeitstypen ändern sich dadurch, daß die Zusammensetzung der Einzelmerkmale einer Anzahl von Typenobjekten faktisch eine andere wird. Der Durchschnittstypus des bäuerlichen Kleinbetriebes in Deutschland beispielsweise hat sich im Laufe der Zeit dadurch gewandelt, daß die Form einer größeren Anzahl der in Betracht kommenden Einzelbetriebe sich faktisch geändert hat. Bei den axiologischen Idealtypen dagegen kann sich das Typenbild dadurch verschieben, daß sich die Auffassungen darüber, aus welchen Einzelmerkmalen sich das Typenmosaik zusammensetzt oder welche Rangordnung unter ihnen besteht, ändern[121]. So unterliegt etwa der Typus des „idealen Beamten" stetigem Wandel, weil die Zeitmeinungen wechseln.

In beiden Fällen entstehen durch die Verschiebung des Typenbildes dynamische oder evolutive Typen als — aus der Ebene zeitlicher Neben-

---

[118] Vor allem *Hempel-Oppenheim*, passim, und *Erdmann*, Theorie der Typeneinteilungen, passim.
[119] Vgl. oben S. 24 f.
[120] Vgl. auch den oben zitierten, von *Sigwart*, Logik, Bd. I, S. 331, gebrauchten Ausdruck: „verschiebbare Schemate".
[121] Vgl. auch *Zittel*, a.a.O., S. 380.

1. Der Typusbegriff

ordnung in die Aufeinanderfolge projizierte — besondere Form des Typus für fließende Übergänge. Die Objekte dieser Typenform sind stetig aufeinander folgende Entwicklungsstufen von Erscheinungsformen. Der in einer Zeitebene gelegte Querschnitt durch einen solchen dynamischen Typus (gleichsam seine Momentaufnahme) ist also selbst ein Gattungstypus oder ein Typus für fließende Übergänge. Evolutive Typen sind damit zu unterscheiden von den Verlaufstypen, d. h. Häufigkeits- (Durchschnitts- oder Normal-) typen, die „typische" konkrete Geschehensabläufe zum Gegenstand haben und bei denen also nicht der Typus selbst, sondern seine Objekte sich wandeln.

Evolutive Typen sind naturgemäß besonders in den Bereichen der historischen Wissenschaften von Bedeutung, man denke etwa an die Entwicklungen kunsthistorischer Stilformen oder von Staats- und Wirtschaftsformen[122]. Entsprechend der Stufenordnung von Einzelereignissen oder -handlungen, von Verlaufs- und evolutiven Typen kann man verschiedene Schichten des gesellschaftlichen Lebens unterscheiden, denen verschiedene Veränderungsgeschwindigkeiten zukommen: die Geschichte läuft verschieden schnell ab[123]. Dem raschesten Wechsel ist die äußerste Schicht unterworfen, die der einzelnen Handlungen, Entscheidungen und Ereignisse — die Konstellationen der Politik wandeln sich täglich. Weniger schnell ändert sich das „Typische" dieser einzelnen Aktionen und Gegenaktionen, ihr Normaltypus, der etwa das Maß gegenseitiger Interessenwahrung oder -wahrnehmung im internationalen Verkehr oder den Grad der Einflußnahme übergeordneter Organe gegenüber untergeordneten im innerstaatlichen Bereich zum Gegenstand hat. Aus der Fülle solcher Normalverhaltenstypen in einzelnen begrenzten Sachbereichen ergeben sich — eventuell über mehrere Zwischenstufen — wiederum Strukturtypen von Zuordnungsverhältnissen von unterschiedlicher Dichte und Festigkeit, wie etwa jeweils verschiedene Ausprägungen feudalistischer und kapitalistischer Wirtschafts- und Gesellschaftsordnungen, von zwischenstaatlichen Freundschafts-, Bündnis- oder Abhängigkeitsverhältnissen und von Staatsformen verschiedener Kategorien. Die Veränderungsgeschwindigkeit solcher Strukturtypen ist wiederum geringer als die der sie konstituierenden einzelnen Normalverhaltenstypen. Damit sind sie zugleich von größerer Evidenz als diese, so daß verständlich wird, weshalb sich das wissenschaftliche Au-

---

[122] Zur Bedeutung des Typus in der Geschichtswissenschaft auch *von Mises*, a.a.O.

[123] Im Anschluß an *Schieder*, a.a.O., S. 232 f., der aber die Stufe der Normalverlaufstypen zwischen Einzelereignissen und evolutiven Strukturtypen nicht berücksichtigt, sondern den Ausdruck „Verlaufstypen" für typische Veränderungsabläufe von Strukturtypen gebracht, letzteren also als weitere Stufe überordnet. Vgl. unten S. 50, Anm. 125. Über historische Periodentypen s. bereits *Erdmann*, Theorie der Typeneinteilungen, S. 148 ff.

genmerk zuerst und am erfolgreichsten — etwa in den Disziplinen der allgemeinen Staatslehre (von Aristoteles bis zu den Jellinekschen Idealtypen) und der Nationalökonomie[124] dieser Typenkategorie zuwandte[125]. Allgemein wird man die These aufstellen können, daß Typen sich jeweils langsamer ändern als ihre Objekte, bzw. soweit es sich um Stufenordnungen von Typen handelt, daß die Veränderungsgeschwindigkeiten empirischer Typen mit zunehmender Abstraktionshöhe abnehmen. Vollkommen in Ruhe sind nur die Idealtypen im logischen Sinne, die „Urformen", in denen von der realen Erscheinung der Dinge zu ihrem Wesen durchgedrungen wird[126]. Hinsichtlich der historischen Typen sei allerdings einschränkend hervorgehoben, daß die angedeutete Schichtenordnung von Einzelereignissen, Verlaufs- und Strukturtypen nur beschränkte Gültigkeit haben kann. Nicht der gesamte Geschichtsablauf kann in diesem Schema erfaßt werden, sondern nur Bruchstücke und Teilaspekte, sofern man nicht von der mechanistischen Auffassung eines strikt evolutiven Verlaufs der Geschichte ausgeht. Beispiele geschichtswirksamer individueller Dezisionen oder plötzlicher Ereignisse zeigen, wie evolutive Abläufe abrupt abgebrochen und durch ganz andersartige Entwicklungen ersetzt werden können. Nur in sehr großem, abstrahierendem und damit vereinfachendem Rahmen mögen auch solche plötzlichen Wendungen wiederum bloß als Fortsetzungen von Normalverlaufstypen erscheinen[127,128].

Beim Begriff als dem starren, fest begrenzten Gedankengebilde sind fließende Übergänge und stetige Entwicklungen nicht möglich. Jede

---

[124] Auch die Anfänge der vergleichenden Wirtschaftsbetrachtung reichen bis ins Altertum zurück, vgl. dazu *Matich* in: Staatswissenschaftliche Beiträge, Heft V, 1921, S. 1 ff.; zu den modernen Wirtschaftsstufenlehren und nationalökonomischen Morphologien Lists, Sombarts, Euckens u. a. vgl. *Haller*, a.a.O., S. 59 ff.

[125] *Schieder*, a.a.O., mit dem man folgerichtig der Stufe der Strukturtypen eine weitere Schicht von Verlaufstypen überordnen kann, die typische Veränderungsabläufe evolutiver Strukturtypen zum Inhalt haben. Schieder verweist auf die Vorstellung eines „Zyklus der Revolution" (dazu auch *Zittel*, S. 379), von der Despotie über die Phase der Freiheit zum Cäsarismus, und auf die Versuche Spenglers und Toynbees, die Verlaufstypik der großen Kulturprozesse von ihrem Aufblühen bis zu ihrem Verfall zu ermitteln.

[126] *Schieder*, a.a.O., der den Ausdruck „Gestalttypen" gebraucht.

[127] Vgl. dazu die Bemerkung Meineckes, daß im geschichtlichen Leben „etwas Typisches, bei vielen Gleichwertiges und Wiederkehrendes unentwirrbar verschmolzen ist mit etwas ganz Individuellem und so nie Wiederkehrendem". Geistige Arbeit, 1942, Heft 10, S. 8, zitiert nach *Engisch*, S. 266, N. 117.

[128] Vgl. *Schieder*, a.a.O., S. 233 und *Zittel*, a.a.O., S. 280, der auf die Grenzen und Gefahren des historischen Typus hinweist: Der Typus könne in der Geschichte nie normativ, noch Grundlage einer strengen und starren Periodisierung oder einer unbegrenzten und schematischen Übertragung sein. Am allerwenigsten dürfe man glauben, mit der Aufstellung von Typen das Rätsel der Geschichte gelöst zu haben.

1. Der Typusbegriff

noch so kleine Veränderung des Begriffsinhalts läßt einen neuen Begriff entstehen. Damit ergibt sich zugleich der Ansatzpunkt zur Beantwortung der Frage, inwieweit Typen durch Begriffe ersetzt werden können und umgekehrt.

In der Literatur werden hierzu gegensätzliche Auffassungen vertreten. Nach von Aster[129] kann der Begriff den Typus ersetzen, das Gegenteil sei dagegen nicht immer möglich. Heinrich Maier gelangt andererseits auf der Grundlage seiner Auffassung vom Realtypus folgerichtig zu dem gegenteiligen Ergebnis[130]. Beiden Auffassungen kann in ihrer Ausschließlichkeit nicht gefolgt werden. Weder können alle Typen zu Begriffen „verfestigt" werden, noch lassen sich umgekehrt alle Begriffe zu Typen „anreichern". Hinsichtlich der Umsetzbarkeit von Typen in Begriffe bedarf es nach dem bisher zu den logischen Strukturen beider Denkformen Ausgeführten kaum einer Begründung für die These, daß nur solche Typen in Begriffe umgeformt werden können, die sich gegenüber allen anderen Vorstellungsinhalten sicher abgrenzen lassen. Es muß sich also um Typen handeln, aus deren Merkmalen sich solche aussondern lassen, die zur Unterscheidung ausreichend sind, d. h. um Gattungstypen. Die Typen für fließende Übergänge dagegen können nicht durch Begriffe ersetzt werden, da bei ihnen per definitionem die feste Abgrenzung ausgeschlossen ist. Bei dieser Typenkategorie besteht jedoch die Möglichkeit beschränkter, partieller Umwandlung in Begriffe. Aus der Kernzone, dem sicheren Innenbezirk des Typus lassen sich Begriffe herausschneiden, ohne daß dadurch allerdings der Typus insgesamt ausgeschöpft werden könnte. Die Bestimmungen des einzelnen, dem Typus „jedenfalls" zurechenbaren Gegenstandes in ihrer konkreten, empirisch feststellbaren Fülle und Ausprägung können von ihrem Träger abstrahiert und zu einem nicht abgestuften Merkmalskomplex, einem Gattungstypus zusammengefügt werden, der damit einen Ausschnitt aus dem abgestuften Typus für fließende Übergänge darstellt. Der so entstandene Gattungstypus kann schließlich in der beschriebenen Weise durch genaue Abgrenzung zum Begriff verfestigt werden. So wird etwa aus dem Typus „Großstadt" der als „Stadt mit mehr als 100 000 Einwohnern" definierte Klassenbegriff herausgeschnitten auf Grund der Annahme, daß bei Städten oberhalb dieser Grenze „jedenfalls" die den Typus ausmachenden soziologischen, städtebaulichen und wirtschaftlichen Einzelmerkmale vorhanden sind. Ein weiteres Beispiel bietet die Regelung der Altersgrenzen im geltenden Jugendstrafrecht (§§ 1 Abs. 2, 105 JGG). Aus den ineinanderfließenden psychologischen Entwicklungstypen des „Jugendlichen" und des „Erwachsenen", deren Straftaten materiell- und verfahrensrechtlich verschiedene Behandlung

---
[129] a.a.O., S. 13.
[130] a.a.O., S. 567.

erfordern, werden begrifflich fixierbare Kernzonen herausgeschnitten: Wer nicht das 18. Lebensjahr vollendet hat, ist „jedenfalls" noch dem Typus des Jugendlichen zuzurechnen, wer über 21 Jahre alt ist, ist „jedenfalls" Erwachsener. In der dazwischenliegenden Übergangszone muß dagegen die Typenzugehörigkeit in jedem einzelnen Fall bestimmt werden, da eine sichere, generelle Zuordnung nicht möglich ist[131]. Bei den in dieser Weise ausgeschnittenen Begriffen bleibt die Zugehörigkeit zum Typus das Motiv der Begriffsbildung.

Auch hinsichtlich des umgekehrten Vorganges, der Ersetzung von Begriffen durch Typen, ist zu differenzieren. Nur solche Begriffe können zu Typen angereichert werden, deren Objekte außer den in der Definition enthaltenen, zur Abgrenzung notwendigen Bestimmungen weitere bedeutsame Merkmale gemeinsam haben. Dies kann nur bei Begriffen von real existierenden oder auf Grund eines Sinnzusammenhanges vorstellbaren Objekten der Fall sein, da nur bei diesen vorgegebene Merkmalskoppelungen denkbar sind, die eine Anreicherung der Begriffsdefinition zum Typus ermöglichen. Frei konstruierte Begriffe lassen sich also nicht in Typen umformen. Das Produkt dieses Vorgangs können ferner naturgemäß nur Gattungstypen sein, da sie die Merkmale der Begriffsdefinition mitenthalten und damit exakt abgrenzbar sind. Im Ergebnis ist demnach festzuhalten, daß Gattungstypen in Begriffe und Realbegriffe in Typen umgewandelt werden können.

Zum Abschluß der Darstellung der logischen Struktur des Typus bleiben noch die Zuordnungsmöglichkeiten von Typus, Individuum und Begriff durch Subsumtion und Subordination oder ähnliche logische Verfahrensweisen zu untersuchen. Bekanntlich werden durch Feststellung der Merkmalsübereinstimmung Begriffen Individuen subsumiert und andere (engere) Begriffe subordiniert[132]. Bei der Verwendung von

---

[131] Weitere Beispiele bei H. J. *Wolff*, a.a.O., S. 200.

[132] Zur terminologischen Unterscheidung von Subsumtion und Subordination ausführlich *Engisch*, Logische Studien zur Gesetzesanwendung, S. 22 ff., insbes. (m.w.A.) auch dazu, daß bei der Subsumtion in Wahrheit nicht ein Individuum, sondern ein Individualbegriff einem Klassenbegriff untergeordnet wird. Mit Rickert ist davon auszugehen, daß Individuen in ihrer gesamten intensiven Mannigfaltigkeit von vornherein nicht Gegenstand logischen Denkens sein können, sondern nur als — aus dieser Mannigfaltigkeit herausgelöste — Merkmalskomplexe, die man auch als „Individualbegriffe" bezeichnen kann (so wie man auch von „Typenbegriffen" spricht), wobei freilich zu beachten ist, daß es sich um eine von der Definition des Klassenbegriffs verschiedene Beschreibung eines Gegenstandes handelt. Unter Subsumtion wird hier im übrigen — rein formal logisch — die Feststellung verstanden, daß ein konkreter Merkmalskomplex — Individuum oder Typus — die in der vorgegebenen abstrakten Begriffsdefinition enthaltenen Bestimmungen aufweist, vgl. etwa *Sigwart*, I, S. 406 f., *Erdmann*, Logik §§ 512 ff. Wenn *Engisch*, a.a.O., S. 26, und Einführung in das juristische Denken, S. 56 unter Subsumtion die Gleichsetzung eines Sachverhalts mit „denjenigen Fällen, die zwei-

1. Der Typusbegriff

Typen ergeben sich die Möglichkeiten der Subsumtion von Typen unter Begriffe und der Unterordnung von Begriffen und Individuen unter Typen. Dabei bietet der erstgenannte Vorgang die wenigsten Schwierigkeiten: Alle Typen, sowohl Typen für fließende Übergänge wie Gattungstypen lassen sich ohne weiteres — in der gleichen Weise wie Individuen — übergeordneten Gattungsbegriffen subsumieren, deren Merkmale sie neben weiteren typischen Bestimmungen aufweisen. Der für unseren Zweck besonders bedeutsame Vorgang der Unterordnung von Individuen oder Begriffen unter Typen ist dagegen von der normalen Subsumtion oder Subordination unter Begriffe verschieden. Subsumtion und Subordination setzen die exakte Angabe aller Einzelbestimmungen, d. h. die Definition des Begriffs, unter den subsumiert werden soll, voraus. Nur wenn Übereinstimmung mit allen Merkmalen des Gattungsbegriffs besteht, gelingen Subsumtion und Subordination. Beim Typus ist nun, wie oben dargelegt, die exakt begrenzte Inhaltsangabe ausgeschlossen und zwar sowohl beim Typus für fließende Übergänge wie beim Gattungstypus. Damit ist auch die Feststellung, daß ein anderer Denkgegenstand (Begriff, Individuum oder auch ein anderer Typus) sämtliche Typenmerkmale aufweist, d. h. die Subsumtion im formallogischen Sinne, unmöglich. Dem Typus können andere Denkgegenstände nur — mehr oder weniger — entsprechen, sie können ihm „zugeordnet" werden, soweit die Typenbeschreibung auf sie zutrifft[133]. Da der Typeninhalt nicht fest bestimmt ist, besteht unter den Typenobjekten nur die Beziehung der Ähnlichkeit: „Während ... der Allgemeinbegriff, das in vielen Erscheinungen Gleiche und Gemeinsame zusammenfaßt und aussagbar macht[134], will der Typusbegriff nur das Ähnliche zusammenraffen[135]."

Die Zugehörigkeit eines Gegenstandes zum Typus wird bestimmt nach dem Grad der Ähnlichkeit in bezug auf Beispiele, „Musterbil-

---

fellos durch den gesetzlichen Tatbestand gemeint und betroffen sind" versteht, so wird damit der Vorgang der Unterordnung unter den Begriff mit dem der Zuordnung zum Typus verwechselt. Kritisch dazu auch *Larenz*, a.a.O., S. 210, N. 1.

[133] Vgl. *Burkamp*, a.a.O., § 180: „Ein Typus soll nicht als exakter Subsumtionsbegriff dienen, sondern als Richtpunkt für Individuen bestimmter Art"; *Heyde*, a.a.O., S. 242; *Jaspers*, Die Schuldfrage, S. 38: „Solche Charakteristiken (wie „die Deutschen", „die Russen", „die Juden") treffen nie Gattungsbegriffe, unter denen die einzelnen Menschen subsumiert werden können, sondern Typenbegriffe, denen sie mehr oder weniger entsprechen"; ähnlich ders. Psychopathologie, S. 363; *Strunz*, a.a.O., S. 412; *Engisch*, Idee, S. 263, N. 103; *Larenz*, S. 343 f.; *von Mises*, a.a.O.

[134] ungenau *Engisch*, Logische Studien, S. 24 f.: „Der Begriffsinhalt ... besteht in der Gleichartigkeit oder wenigstens Ähnlichkeit der Objekte ......"

[135] *Zittel*, a.a.O., S. 378; auch *Sigwart*, Logik II, S. 204 spricht von größerer oder geringerer Ähnlichkeit der Typenobjekte. Vgl. a. H. *Meyer*, Geschichte der abendländischen Weltanschauungen, Bd. V, S. 299 u. *Larenz*, a.a.O.

der"¹³⁶, d. h. einzelne Typenobjekte, die den Typus repräsentieren und häufig mit ihm identifiziert werden. Dabei bleibt einerseits offen, ob nicht andere Objekte sich finden lassen, die „typischer" sind: die Musterexemplare weisen nicht notwendig das Maximum an Typeninhalt auf. Andererseits geben sie auch nicht das Minimum an: Zahl und Ausprägung der einzelnen typischen Merkmale des Musters brauchen keineswegs von allen Typenobjekten erreicht zu werden; es ist nur Richtpunkt, nicht feste Norm für die Zugehörigkeit zum Typus. Demnach kommen alle Gegenstände als Musterexemplare in Betracht, deren Typenzugehörigkeit einwandfrei feststeht.

Die Zuordnung eines Gegenstandes zum Typus hat damit eine von der Subsumtion unter den Begriff in mehrfacher Hinsicht verschiedene Struktur. Zunächst besteht eine engere Beziehung zwischen dem Typus und seinen Objekten als dies zwischen dem Begriff und den ihm unterfallenden Gegenständen der Fall ist. Der Typus wird durch seine Objekte konstituiert, die Zuordnung von Gegenständen zum Typenbereich bestimmt unmittelbar den Typeninhalt, während es für den Inhalt des Begriffs völlig gleichgültig ist, ob und welche Gegenstände ihm subsumiert werden¹³⁷. Die Zuordnung eines Objekts zum Typus — unter

---

¹³⁶ Vgl. die o. S. 32 zitierte Charakteristik des Typus durch *Whewell;* auch *Wellek,* a.a.O., S. 465. Für die Typen für fließende Übergänge haben *Hempel-Oppenheim* in ihrer erwähnten grundlegenden Arbeit mit den Mitteln der Logistik exakt nachgewiesen, daß die Stellung eines Gegenstandes im Bereich des als Reihenordnung aufzufassenden Typus nur durch einen Ausdruck dargestellt werden kann, der *zwei Variable,* d. h. eine Bezugnahme auf ein anderes Typenobjekt aufweist (S. 21 ff., 37, 65). Diese Feststellung verliert für unseren Zweck nicht dadurch ihre Bedeutung, daß es bei den im Rahmen der Rechtswissenschaft in Betracht kommenden Typen im allgemeinen nicht auf die Aufstellung exakter Reihenordnungen, sondern nur auf die Zuordnung zum Typus überhaupt ankommt. Auch soweit nur die Zugehörigkeit eines Gegenstandes zum Typus in Frage steht, geht es um die Stellung des Objekts in der Reihenordnung der Ähnlichkeitsabstufungen, wenn auch nur um die Einordnung innerhalb oder außerhalb eines bestimmten Abschnitts der Reihe. Zur Bezugnahme auf Musterbilder auch *Radbruch,* a.a.O., S. 47, im Anschluß an Hempel-Oppenheim.
¹³⁷ Dem steht die von *Engisch,* Logische Studien, S. 14 f. (im Anschluß an *Bierling,* Juristische Prinzipienlehre, Bd. IV, S. 45 ff.) hervorgehobene Tatsache, daß bei der Rechtsanwendung der Obersatz erst in Bezug auf den zu subsumierenden Lebenssachverhalt konstituiert werden muß, nicht entgegen. Sofern der von Engisch als Subsumtion unter die Norm bezeichnete Vorgang tatsächlich Subsumtion im formallogischen Sinne ist, d. h. soweit der Obersatz begrifflich fixiert und nicht in Wahrheit eine Typenbeschreibung ist, bedeutet die Entwicklung des Obersatzes zweierlei: das Herausfinden der passenden Norm (oder der Normen) aus der gesamten Normensumme (von *Engisch,* a.a.O., S. 15 „extensive Entfaltung" genannt) und gegebenenfalls deren Auslegung (die „intensive Entwicklung"). Bei beiden Vorgängen wird der Inhalt der Norm durch die Subsumtion nicht berührt. Bei der „extensiven Entfaltung" handelt es sich um nur darum, die passende, fertig vorgegebene Norm aus der Fülle der Tatbestände herauszufinden. Andererseits bedeutet die Auslegung einer begrifflich fixierten Rechtsregel die Feststellung der

1. Der Typusbegriff

bestimmter Voraussetzung auch der Ausschluß aus dem Typenbereich — wirken gewissermaßen „konstitutiv", denn der als dem Typus zugehörig erkannte Gegenstand kommt selbst wieder als Muster bei späteren Zuordnungen in Betracht, er bestimmt das Bild des Typus mit. Der Typus wird konstituiert durch die ihm zugeordneten Objekte, er reicht über deren Bereich nicht hinaus[138]. Man wird daher den Vorgang der Zuordnung zum Typenbereich anschaulich als „Inklusion", die Feststellung, daß ein Gegenstand dem Typenbereich nicht angehöre, als „Exklusion" bezeichnen können[139]: Mit der Zuordnung gehört das Objekt hinfort dem Typus an, mit der umgekehrten Feststellung wird es aus seinem Bereich ausgeschlossen. Das Typenbild wird um so deutlicher, je mehr Gegenstände ihm zugeordnet sind. Dabei können sich Untertypen bilden, indem bestimmte Typenobjekte untereinander in einer besonders engen Ähnlichkeitsbeziehung stehen: der Typus ist in sich differenzierbar. Auch diese einzelnen Untertypen sind — wie die Einzelobjekte eines Typus — konstituierende Bestandteile des Obertypus[140]. Die Konturen des Typus treten aber auch durch den Ausschluß von Gegenständen aus dem Typenbereich genauer hervor. Die ausgeschlossenen Objekte können als negative Muster herangezogen werden. Dies allerdings nur unter der Voraussetzung, daß der Ausschluß wegen Fehlens der „typischen" Eigenschaften, nicht aber wegen der Nichtzugehörigkeit zu der dem Typus übergeordneten Gattung erfolgt[141].

Hat also die Feststellung der Zugehörigkeit eines Gegenstandes zum Typus — die Inklusion — für dessen Inhalt eine Bedeutung, die der Subsumtion für den Begriffsinhalt nicht zukommt, so ist der Vorgang der Zuordnung als solcher auch von dem der Subsumtion verschieden.

---

richtigen Definition, die Bestimmung des Begriffsinhalts *bevor* die Subsumtion vorgenommen werden kann, also gewissermaßen nur „bei Gelegenheit" des Vorkommens eines Sachverhalts. Die Subsumtion hat gleichsam nur „deklaratorische" Bedeutung für die vorher vollzogene Definition des Begriffsinhalts.

[138] Dieser Gedanke klingt auch an bei Heinrich *Maier*, a.a.O., S. 568. Die obige Feststellung kann jedoch — entgegen Heinrich Maier — nicht für alle Typenformen zutreffen: Logische Idealtypen haben überhaupt keine realen Objekte, auf sie beziehen sich die obigen Ausführungen daher naturgemäß nicht.

[139] Vgl. die Formulierung von *Mises'* u. S. 57 Anm. 143 sowie vor allem die des amerikanischen Supreme Court (Mr. Justice Miller) in Davidson v. New Orleans, 96 U.S. 97, 104 (1877) vom „gradual process of inclusion and exclusion" bei der Handhabung der Due Process-Klauseln der amerikanischen Bundesverfassung.

[140] Vgl. dazu auch die o. S. 47 Anm. 115 dargestellte Beschreibung des Phänomens der „Einschachtelung" („Enkapsis") durch *Troll-Meister*.

[141] Für das Typenbild des „ordentlichen Kaufmanns" beispielsweise ist nur der Ausschluß eines Kaufmanns von Bedeutung, nicht dagegen die Feststellung, daß eine Person dem Typus nicht zugehören könne, weil sie nicht Kaufmann sei.

Zwar setzen beide Vorgänge einen Vergleich voraus zwischen jeweils zwei verschiedenen Merkmalskomplexen, dem in Frage stehenden Individuum auf der einen, Begriff oder Musterexemplar auf der anderen Seite. Während jedoch bei der Subsumtion die Feststellung einer exakt begrenzten, partiellen Identität des Untersuchungsgegenstandes mit dem abstrakten Begriffsinhalt das Ziel der Prüfung darstellt, ist bei der Zuordnung zum Typus nur eine abgeschwächte, dafür aber nicht von vornherein partiell beschränkte Übereinstimmung mit dem konkreten, real gegebenen Musterbild zu beurteilen.

Die Inklusion erfordert damit zunächst eine umfassendere vergleichende Betrachtung als die Subsumtion unter den Begriff. Bei dieser richtet sich das Augenmerk nur auf den Bereich der in der Begriffsdefinition enthaltenen Merkmale. Welche Bestimmungen dem Gegenstand in seiner intensiven Mannigfaltigkeit sonst noch zukommen, ist für die Subsumtion gleichgültig. Demgegenüber kann bei der Zuordnung zum Typus der Rahmen des Vergleichs nicht in dieser Weise von vornherein begrenzt werden. Die Untersuchung hat zwar auch hier von einem vorgegebenen Merkmalskomplex, dem Musterexemplar, auszugehen. Sie kann jedoch nicht auf die Feststellung beschränkt werden, ob und in welchem Umfang dessen Einzelbestimmungen auch bei dem beurteilten Gegenstand sich finden. Vielmehr muß weiter geprüft werden, ob nicht weitere, dem Objekt sonst noch zukommende Merkmale die Zuordnung zum Typus ausschließen. Selbst bei Übereinstimmung mit zahlreichen Merkmalen des Mustergegenstandes kann die für die Typenzugehörigkeit erforderliche Ähnlichkeitsbeziehung durch bestimmte andere, dem Muster nicht zukommende Eigenschaften des Untersuchungsobjekts gestört sei. Der Grund dieser Verschiedenheit zwischen Subsumtion unter den Begriff und Zuordnung zum Typus ist einfach: Die logische Gleichsetzung von positiv Gegebenem und der Negation, dem Nichtvorhandensein ist nur in der Ebene begrifflich unterscheidender Abstraktion möglich. Der Komplex des den Typus repräsentierenden realen Musterexemplars kann unmöglich als Merkmal das Fehlen einer Eigenschaft beinhalten, während der Begriffsdefinition ohne weiteres auch negative Bestimmungen angehören können. Demnach kann der Widerspruch zwischen den Merkmalen des realen Typenmusters und anderen Eigenschaften des verglichenen Objekts nicht ausgeschlossen werden, wie es beim Begriff durch die Aufnahme einer negativen Bestimmung in die Definition leicht zu erreichen ist. Für den Vorgang der Zuordnung zum Typus ergibt sich daraus einmal die Forderung, daß das vergleichende Hin- und Herwandern des Blickes[142] zwischen Muster und in Frage stehendem Objekt dieses einer umfassenderen, über den durch

---

[142] s. *Engisch*, Log. Stud., S. 15 für die Konstituierung des Lebenssachverhalts in Bezug auf die in Betracht kommende Norm.

1. Der Typusbegriff

das Musterbild vorgegebenen Denkinhalt hinausgehenden Betrachtung zu unterziehen hat. Notwendig ist eine über den Rahmen des bloßen Vergleichs von Merkmalen hinausgehende „verstehende Beurteilung", die sich an dem für die Typenbildung maßgeblichen Auswahlgesichtspunkt zu orientieren hat. Sie wird erleichtert, wenn mehrere dem Typus zugehörige Vorbilder als Vergleichsmaßstab dienen können. Das allen herangezogenen Musterexemplaren gemeinsame Fehlen einer bestimmten, unter dem Auswahlgesichtspunkt als relevant zu qualifizierenden Eigenschaft läßt darauf schließen, daß durch sie tatsächlich die Typenzugehörigkeit ausgeschlossen wird.

Auch aus einem weiteren Grunde erweisen sich verstehende Beurteilung und der Vergleich mit einer größeren Zahl von Musterbildern als notwendig für die Zuordnung eines Gegenstandes zum Typus. Da unter den Typenobjekten nur die Beziehung der Ähnlichkeit besteht, stellt das Muster bloß einen Richtmaßstab dar, dem das einzuordnende Objekt nur in gewissem Maße zu entsprechen braucht. Wie weit die Abweichung vom Vorbild gehen darf, ist nur bei den Gattungstypen exakt bestimmbar. Bei ihnen ist ein Merkmalsminimum gegeben, dessen Vorhandensein Voraussetzung der Typenzugehörigkeit ist. Bei dem Typus mit fließenden Übergängen kann dagegen das Höchstmaß der Abweichung vom Muster nicht logisch exakt bestimmt werden. Die Entscheidung der Frage, ob ein Gegenstand dem Typus zuzurechnen ist oder aus dem Typenbereich ausgeschlossen werden muß, bedarf jeweils einer an dem für die Typenbildung relevanten Bedeutungsgesichtspunkt orientierten verstehenden Beurteilung[143]. Diese Beurteilung wird erleichtert, wenn mehrere Typenrepräsentanten zum Vergleich herangezogen werden. Einmal mag die Betrachtung mehrerer Musterexemplare erkennen lassen, daß jeweils gewisse Hauptmerkmale für die Zugehörigkeit zum Typus unerläßlich sind. Zum anderen kann die Typenzugehörigkeit mit größerer Sicherheit festgestellt werden, wenn es gelingt, das beurteilte Objekt *zwischen* zwei oder mehrere Typenmuster einzuordnen, da dann die Frage der Begrenzung des Typenbereichs außer Betracht bleibt.

Allerdings kann auch eine solche Einordnung zwischen mehrere Musterexemplare nicht nach vollkommen objektiven Kriterien vorgenommen werden (sofern es sich nicht um metrische Reihenordnungen handelt, die indessen im Bereich der Rechtswissenschaft kaum vorkommen werden). Sie bedarf der Schätzung eines „Sachverständigen", da anders der Grad der Ausprägung der Typenmerkmale bei dem Untersuchungs-

---

[143] Vgl. *von Mises*, a.a.O.: „Whether or not the absence of some characteristics prevents the inclusion of a concrete specimen in the ideal type in question depends on a relevance judgment by understanding."

gegenstand im Verhältnis zu den Musterexemplaren nicht festgestellt werden kann[144]. Bei komplizierteren typologischen Ordnungen, insbesondere bei den axiologischen Idealtypen, werden Abweichungen zwischen den Schätzungen verschiedener Sachverständiger unvermeidlich sein[145]. Immerhin bietet die Einordnung zwischen mehrere Typenmuster einen höheren Grad der Sicherheit, als wenn die Inklusion die Entscheidung darüber erfordert, ob das Untersuchungsobjekt noch innerhalb oder bereits außerhalb der Grenzen des Typenbereichs einzuordnen ist. Exakte Grenzbestimmungen können bei Typen mit fließenden Übergängen letztlich nur willkürlich aus Zweckmäßigkeitsgründen getroffen werden[146].

Erfordert also die Inklusion in jedem Falle eine verstehende Beurteilung, weil einmal nicht ausgeschlossen werden kann, daß bestimmte, den realen Typenmustern nicht zukommende Eigenschaften des Untersuchungsobjekts die Zuordnung zum Typus verhindern, weil zum anderen die Einordnung in die Reihe der Merkmalsabstufungen nur durch „sachverständige Schätzung" erfolgen kann und weil schließlich die Grenzen des Typus mit fließenden Übergängen nicht exakt bestimmbar sind, so folgt daraus notwendig, daß bei der Zuordnung zum Typus die Bedeutung der Person des Beurteilers, des „Sachverständigen", des „Indikators" nicht ausgeschlossen werden kann[147]. Der subjektive Spielraum läßt sich nur mindern, indem ein möglichst genaues „Erläuterungssystem" aufgestellt wird, eine Tabelle von Typenmustern, die die Abstufungen der Merkmalsausprägungen möglichst exakt wiedergibt. Dadurch kann erreicht werden, daß möglichst alle, die Objekte einem bestimmten Typus zuzuordnen haben, dasselbe darunter „verstehen"[148].

An dieser Stelle erweist sich erneut, daß im typologischen Verfahren die Spaltung zwischen erkennendem Subjekt und erkanntem Objekt nicht durchzuhalten ist; sie hat nur die Bedeutung einer teilweise zweckmäßigen Arbeitshypothese.

Wie der Typus nicht als ein einfach vorhandenes Seiendes gedacht werden kann, sondern sein Inhalt notwendig von der Blickrichtung des Stellung nehmenden Denkens mitbestimmt wird, unter der er allererst zum Gegenstand der Wahrnehmung wird, so vollzieht sich auch der

---

[144] *Hempel-Oppenheim*, S. 51 ff.
[145] *Hempel-Oppenheim*, S. 60.
[146] Vgl. z. B. *Erdmann*, Theorie der Typeneinteilungen, S. 24: „Die oft unübersehbaren Übergänge von Rechts- und rechtswidrigen Handlungen können vom Richter wie von den Rechtstheoretikern nur aus Zweckmäßigkeitsgründen durch scharfe Schnitte getrennt werden."
[147] *Hempel-Oppenheim*, S. 59 ff.
[148] *Hempel-Oppenheim*, S. 62, 68 m. Bsp.

1. Der Typusbegriff

Vorgang der Neueinbeziehung eines Gegenstandes in den Typenbereich nicht „rein objektiv", wie die Subsumtion unter den vorher exakt definierten Begriff, sondern im Wege eines produktiven Aktes des Beurteilers. Anderseits ist die Inklusion aber auch nicht von unbegrenzter Beliebigkeit, sie besteht nicht darin, daß das zu beurteilende Objekt den vorgegebenen Mustern entsprechend „ordnend umgeformt" würde. Vielmehr ist hinter die Abstraktion des Neukantianismus zurückzugehen: Zwar gilt der Satz „alles Sein für uns ist Ausgelegtsein"[149], aber die Auslegung „wirft nicht gleichsam über das nackte Vorhandene eine ‚Bedeutung' und beklebt es nicht mit einem Wert"[150].

Im Integrationsvorgang der Typenzuordnung wird der in den Typenmustern vorgegebene, bereits verstehend erkannte Vorstellungsgehalt zu dem neu eindringenden Objekt in Beziehung gesetzt. Das Ergebnis dieses Vorgangs ist die Gewinnung eines neuen, aktualisierten Bewußtseins des Typengehalts, sei es, daß mit der Inklusion der Gegenstand als dem Typus zugehörig erkannt wird und so seinen Inhalt mitbestimmt, oder daß durch die Ausschließung aus dem Typenbereich dessen Konturen nunmehr schärfer sich abheben.

Die hier geforderte verstehende Beurteilung ist keine von einem erkennenden Subjekt gehandhabte Methode, sondern ein Vorgang, bei dem „Subjekt" und „Objekt" des Verstehens wechselseitig aufeinander wirken. Der zur Beurteilung stehende „Gegenstand" wird mitbestimmt durch die von den bereits verstehend angenommenen Mustern hergebene „Perspektive" des Subjekts, um seinerseits im weiteren Vordringen der Beurteilung den Typeninhalt durch Integration oder Abhebung mitzugestalten.

Der Vorgang der Typenzuordnung ist von der von Heidegger[151] für alles Verstehen überhaupt aufgewiesenen Zirkelhaftigkeit[152].

---

[149] *Jaspers*, Einführung in die Philosophie, S. 76.
[150] *Heidegger*, Sein und Zeit, S. 150.
[151] Sein und Zeit §§ 32 ff., 63.
[152] Die sich von diesem Ansatz her ergebende allgemeine geisteswissenschaftliche Hermeneutik hat *Gadamer* in seinem grundlegenden Werk „Wahrheit und Methode" entwickelt. Seinen Darlegungen, deren erste Auswirkungen im juristischen Bereich bereits sichtbar sind (vgl. *Ehmke* in: VVdDStRL, Bd 20, 1963, S. 53 ff., bes. 56, 60; *Forsthoff*, Zur Problematik der Verfassungsauslegung, S. 40; *v. Pestalozza* in: Der Staat, Bd. II, 1963, S. 425 ff.), wird in den weiteren Ausführungen weitgehend gefolgt. Die heftige Polemik *Bettis* (in: Festschr. f. Ernst Rabel, Bd. II, S. 79 ff., 91 N. 14b) gegen die Heideggersche Annahme der Vorstruktur des Verstehens vermag nicht zu überzeugen. Zwar ist es richtig, daß das „Verstehen" nach Heidegger ein „Können" bezeichnet (vgl. *Gadamer*, S. 246, 278, 297), aber daß mit diesem Verstehensbegriff — wie Betti meint — in einer wissenschaftlichen Hermeneutik nichts anzufangen sei, dürfte durch Gadamers Werk widerlegt sein. Vgl. zu *Bettis* Auslegungslehre dortselbst auch S. 246, 293, 308, 310.

Dieser hermeneutische Zirkel ist von anderer Art als der sonst in der Hermeneutik seit Schleiermacher mit diesem Begriff bezeichnete Kreislauf zwischen dem Ganzen des Interpretationsobjekts und seinen Teilen. Während dort die Zirkelbewegung des Verstehens am Text hin und her läuft und in dessen vollendetem Verständnis aufgehoben wird, der Zirkel also ein methodischer ist, bezeichnet der von Heidegger aufgewiesene Zirkel ein ontologisches Strukturelement des Verstehens. Er stellt sich dar als das Ineinanderspiel der Bewegung des zu Verstehenden und des Interpreten[153], die ihren Grund darin hat, daß das „Subjekt" des Verstehens nicht autonomer, ruhender Pol, das „Objekt" nicht factum brutum ist, daß beide also nicht „ontisch", „vorhanden", sondern daß sie historisch, von der Seinsart der Geschichtlichkeit sind[154].

Verstehen ist danach nie voraussetzungsloses Erfassen eines Vorgegebenen, denn jedes Wahrnehmen von etwas ist ja schon verstehend auslegend. Alle Auslegung, die Verständnis herstellen will, muß schon das Auszulegende verstanden haben[155], sie ist nur die Zueignung des bereits (Vor-) Verstandenen[156]. Wenn sich „exakte Textinterpretation" gern auf das beruft, was „dasteht", so ist dies zunächst „Dastehende" nichts anderes als die selbstverständliche, undiskutierte Meinung des Auslegers, die notwendig in jedem Auslegungsansatz liegt, als das, was mit Auslegung überhaupt schon gesetzt, d. h. mit Vorhabe, Vorsicht und Vorgriff vorgegeben ist[157]. Auslegung ist danach zu begreifen als Ausarbeitung eines Entwurfs. Wer etwas zu verstehen sucht, vollzieht immer ein Entwerfen. Er wirft sich von seinem Standort her einen Sinn des zu Verstehenden voraus, indem er von vornherein mit einer Sinnerwartung an den Gegenstand herangeht und weiterhin einen Sinn des Ganzen antizipiert, sobald sich ein erster Sinn zeigt. Die Bewegung des Verstehens ist ein ständiges Neuentwerfen, in der Ausarbeitung des Entwurfs von der Sache her geschieht „Verstehen"[158].

Von eben dieser Struktur ist der Vorgang der Typenzuordnung. Die verstehend zugeeigneten Typenbilder bestimmen den Standort und damit die Blickrichtung, unter der das zur Beurteilung stehende Objekt allererst zur Wahrnehmung kommt. Schon dieses erste Abheben aus der Mannigfaltigkeit des Seienden ist verstehend auslegend, es ist ohne den Bezug auf den im Typus vorgegebenen, bereits angeeigneten Vorstellungsgehalt nicht denkbar. Auf die oben wiedergegebene Beschreibung

---

[153] *Gadamer*, S. 277.
[154] *Gadamer*, S. 247.
[155] *Heidegger*, a.a.O., S. 149 ff.
[156] *Heidegger*, S. 160.
[157] *Heidegger*, S. 150.
[158] *Gadamer*, S. 251.

1. Der Typusbegriff

der Typenbildung angewendet: Das neu einfallende Bild, das mit dem Gesamtbild des Typus integriert werden soll, wird überhaupt nur wahrgenommen, weil irgendeine Ähnlichkeitsbeziehung antizipiert wird. In der Zueignung des so bereits Vorverstandenen besteht der Vorgang der Typenzuordnung. Dies bedeutet nicht Umformung, nicht einfach Angleichung des Objekts an das vorgegebene Typenmuster, sondern Ausarbeitung der Antizipation. In der Zuordnung des einfallenden Bildes zum Musterbild des Typus erweist sich, worin die vorweggenommene Ähnlichkeit besteht, worin die Konturen beider übereinstimmen und das neu integrierte Gesamtbild sich damit vertieft. Es zeigen sich aber auch die Abweichungen. Der Vorentwurf kann sich, allgemeiner ausgedrückt, bei weiterem Eindringen in die Sache bestätigen, vertiefen, differenzieren, er kann sich aber auch als unangemessen erweisen, so daß seine Revision notwendig wird[159].

Dieser Zirkel des Verstehens ist — hierin liegt die entscheidende hermeneutische Aussage Heideggers — in einem ontologisch positiven Sinn zu nehmen: „In ihm verbirgt sich eine positive Möglichkeit ursprünglichsten Erkennens." Darin „ein Vitiosum sehen und nach Wegen ausschau halten, um ihn zu vermeiden, ja ihn auch nur als unvermeidliche Unvollkommenheit ‚empfinden' heißt das Verstehen von Grund aus mißverstehen... Das Entscheidende ist nicht, aus dem Zirkel heraus, sondern in ihn nach der rechten Weise hineinzukommen"[160]. Dies ist nur möglich, indem man den Blick „auf die Sachen selber" richtet. „Erste, ständige und letzte Aufgabe" der Auslegung bleibt es daher, sich jeweils das Vorverständnis nicht durch „Einfälle und Volksbegriffe" vorgeben zu lassen, sondern in seiner „Ausarbeitung aus den Sachen selbst her das wissenschaftliche Thema zu sichern"[161].

Nicht darum geht es also, das subjektive Vorverständnis auszuschließen, sondern umgekehrt um die Rehabilitierung des Vorurteils in der Erkenntnis, daß es vorurteilsfreies Verstehen nicht geben kann. Ein solches würde voraussetzen, daß der Interpret nicht der Zeitlichkeit des Daseins unterworfen wäre, daß er keinen Standort hätte und damit seinen Gegenstand ohne Perspektive sehen könnte. In Wahrheit geschieht das Bedeutsamwerden von etwas, wodurch es sich abhebt aus der unendlichen Mannigfaltigkeit des Seienden und damit — als erste Bedingung des Verstehens — allererst in den Bereich der Wahrnehmung rückt, immer unter einem bestimmten Aspekt[162], der damit für den weiteren Vorgang des Verstehens von entscheidender Bedeutung

---
[159] *Gadamer*, a.a.O.
[160] *Heidegger*, S. 153.
[161] *Heidegger*, a.a.O.
[162] Vgl. auch *Rothacker*, a.a.O., S. 23 f.

ist. Die Forderung der Aufklärung nach Überwindung aller Vorurteile ist daher auf ein Unmögliches gerichtet, ihr ist ein angemessenes Verständnis der Endlichkeit entgegenzusetzen, das die Erkenntnis der im Vorgang des Verstehens erreichbaren „Objektivität" erst ermöglicht.

„Vorurteil" ist nicht notwendig „falsches Urteil". Vorurteile können positiv oder negativ zu werten sein[163], je nachdem, ob sie sich im Vorgang des Verstehens an der Sache bewähren oder nicht. Nicht jedes Vorurteil ist der Sache angemessen, es kann sich im Fortgang der Auslegung als unhaltbar erweisen, indem sich das im weiteren Eindringen in die Sache Erkennbare der Vorerwartung nicht einfügt. Die Forderung, in den hermeneutischen Zirkel richtig hineinzukommen, bedeutet demnach Gewinnung des rechten Vorverständnisses, das der Anmessung an die Sache nicht im Wege steht, sondern sich an ihr bewährt. In der Bewährung, die das Vorverständnis in der Ausarbeitung von der Sache her erfährt, besteht die im Verstehen erreichbare „Objektivität"[164].

Auch der Vorgang der Zuordnung zum Typus ist damit nicht von unbegrenzter Beliebigkeit. Im Fortschreiten des Vergleichens zwischen Typenmustern und zur Beurteilung stehenden Gegenständen, in der Ausarbeitung, treten Übereinstimmungen und Abweichungen der Konturen hervor, bestätigt und differenziert sich die Antizipation der Ähnlichkeitsbeziehung oder erweist sie sich als unzutreffend, die angenommene Ähnlichkeit als eine bloß scheinbare.

Die Gewinnung des rechten Vorverständnisses, das sich an der Sache bewährt, setzt damit die Bereitschaft voraus, sich vom Gegenstand etwas sagen zu lassen. Das rechte Hereinkommen in den hermeneutischen Zirkel kann nur gelingen, wenn man bereit ist, das eigene Vorurteil dauernd in Frage zu stellen, vorsichtig tastend das Vorverständnis in Anmessung an die Sache auszuarbeiten, um den Gegenstand nicht um der eingenommenen Vormeinung willen falsch zu verstehen. Gefordert ist damit nicht sachliche Unvoreingenommenheit oder Selbstaufgabe, sondern Offenheit, die freilich das Bewußtsein der eigenen Voreingenommenheit gerade voraussetzt, damit die mögliche Andersheit des Gegenstandes sich abheben und gegen die eigene Vormeinung ausspielen kann.

Es sind vor allem die unbewußten Vorurteile, die der Anmessung an die Sache im Wege stehen, weil sie die geforderte Empfänglichkeit gar nicht erst aufkommen lassen. Ein auf rechtes Verstehen gerichtetes Bewußtsein wird daher danach streben müssen, seine Antizipationen

---

[163] Die uns gewohnte negative Akzentuierung hat der Begriff, wenn man *Gadamer*, a.a.O., S. 256 ff., folgen darf, erst in der Aufklärung erfahren.
[164] *Gadamer*, S. 252.

1. Der Typusbegriff

nicht undurchschaut zu vollziehen, sondern sie bewußt zu machen, um sie zu kontrollieren und damit zu verhindern, daß sie der Gewinnung des rechten Verständnisses von der Sache her im Wege stehen. In dieser Weise geschieht die von Heidegger geforderte Sicherung des wissenschaftlichen Themas in der Ausarbeitung des Vorverständnisses aus den Sachen selbst her[165].

Das so im rechten Vollzug des Kreislaufs erzielte Verständnis der Sache ist kein gegenständliches Wissen, das nun als „objektive Erkenntnis" ein für alle Mal feststünde. Das gewonnene „Verstehen" ist vielmehr ein Sichverstehen, ist ein Sich-Auskennen in etwas. „Es stellt den Zustand einer neuen geistigen Freiheit dar. Es impliziert die allseitige Möglichkeit des Auslegens, Bezüge-Sehens, Folgerungen-Ziehens usw.[166]" Das vollendete Verstehen besteht in der Gewinnung eines neuen, aktuellen Standortes und damit eines neuen Horizontes, von dem aus andere Blickrichtungen die Möglichkeit neuer Entwürfe eröffnen.

Inhalt eines so begriffenen Verstehens ist auch der Typus. Er bezeichnet ein vom Sein nicht ablösbares Wissen, das je nach dem Aspekt, wie er sich aus dem Standort des Stellung nehmenden Denkens ergibt, „so oder auch anders sein kann". Dieser Standort und der mit ihm gegebene Horizont verschiebt sich mit jedem Vorgang der Typenzuordnung stetig, indem von dem neu Eindringenden her, das zu dem bereits verstehend angeeigneten Typenbild in Beziehung gesetzt wird, sich das Verständnis des Typeninhalts notwendig wandelt. Wird der andringende Gegenstand als dem Typus zugehörig erkannt (Inklusion), so bestimmt er das Typenbild in Zukunft mit, wird er ausgeschlossen, so treten in der gegenseitigen Abhebung die Konturen schärfer hervor. Das Typenbild ist in beiden Fällen mit der Zuordnung ein anderes, ein aktuelleres geworden.

Das Verstehen allgemein und damit auch das Denken in Typen ist nach alledem entgegen den Lehren der traditionellen Hermeneutik keine von einem erkennenden Subjekt gehandhabte Methode, kein Verfahren, über das man verfügen könnte, sondern eher ein Vorgang, ein Geschehen, in das es nach der rechten Weise hineinzukommen gilt, in dem aber die Möglichkeit ursprünglichsten Erkennens sich auftut.

Diese Einsicht mußte durch die neukantische, auf der abstrakten Trennung von Sein und Wissen beruhende Umformungslehre zwangsläufig verstellt werden. Mit der Aufhellung der Struktur des Typendenkens, das ein Zurückgehen hinter die Abstraktion der Begriffslogik bedeutet, tritt die Zirkelstruktur des Verstehens notwendig ins Licht. Die bei der Handhabung der starren Begriffsform gegebene Unabhän-

---
[165] *Gadamer*, S. 245.
[166] *Gadamer*, S. 246.

gigkeit vom Standort des denkenden Subjekts, die Objektivität logisch zwingender Schlüsse, ist im Typendenken nicht erreichbar.

Ein an den Naturwissenschaften ausgerichtetes wissenschaftliches Denken wird daher immer bestrebt sein, das typologische Verfahren durch exaktes, klassifikatorisches Begriffsdenken zu ersetzen[167], indem Fragmente von Typen mit fließenden Übergängen zu Gattungstypen zusammengefaßt und schließlich zu Begriffen verfestigt werden, bei denen die Typenzugehörigkeit als bloßes Motiv der Begriffsbildung in den Hintergrund tritt. Gegenüber dieser, auch im juristischen Bereich bestehenden Tendenz[168] ist jedoch der Einwand zu erheben, daß der Zugang zu den Sachen selbst, sofern sie von der Seinsart der Geschichtlichkeit sind, mit der Gewinnung der exakten Form notwendig verlorengehen muß. Um der Gefahr zu entgehen, die für einen bestimmten historischen Standort gültige Einsicht absolut zu nehmen und sich damit die Möglichkeit zu verschließen, das aktuell richtige Verständnis zu gewinnen, bedarf es des Zurückgehens auf die Vorstufe der Begriffslogik, das typologische Denken. Denn Typendenken bedeutet nicht Beliebigkeit des Meinens, es bietet die von Heidegger im rechten Vollzug des Zirkels des Verstehens aufgezeigte Möglichkeit ursprünglichsten Erkennens.

Diese Einsicht muß auch für die Rechtswissenschaft und vor allem für diejenigen ihrer Bereiche gelten, die besonders von geschichtlichen Veränderungen betroffen werden. So ist es nicht zu verwundern, daß in Wahrheit die begriffslogische Fixierung hier nie ganz gelingen kann, daß ohne die Denkform des Typus — auch in unserem kontinentaleuropäischen Rechtssystem — nicht auszukommen ist[169].

2. Die logische Struktur des Standard — Ergebnis

Nachdem der Standard oben als Normaltypus gekennzeichnet wurde, kann seine logische Struktur nunmehr genauer bestimmt werden. Standards sind in der Realität vorgegebene Komplexe von Bestimmungen, die dadurch für das Stellung nehmende Denken von Bedeutung sind und sich damit von der Mannigfaltigkeit des Seienden abheben, daß sie

---

[167] *Zittel*, a.a.O., S. 380; vgl. auch *Seiterich*, Die logische Struktur des Typusbegriffs bei W. Stern, E. Spranger und Max Weber, der den Unterschied zwischen Gattungsbegriff und Typus nicht in ihrer logischen Struktur sondern in ihrer verschiedenen Verwendung sieht: „Gattungsbegriffe werden als solche Ziel der Wissenschaft; . . .Typen dagegen dienen vornehmlich heuristischen Zwecken . . ." S. 62. In Wahrheit beruht die verschiedene Verwendung auf der unterschiedlichen logischen Struktur; kritisch dazu auch *Hempel-Oppenheim*, S. 17 f.;

[168] Vgl. *Radbruch*, a.a.O., S. 53; H. J. *Wolff*, a.a.O., S. 201,

[169] Vgl. *Wolff*, S. 200.

2. Ergebnis

das „Normale", das „Erwartete" innerhalb einer bestimmten Klasse von Gegenständen repräsentieren, das für andere Objekte als Maßstab dient. Standards sind damit Realtypen, nicht durch Bereinigung oder Steigerung gebildete Idealtypen im logischen Sinne, denn das Normale ist notwendigerweise etwas, das in der Realität empirisch feststellbar vorkommt. Sie sind andererseits gleichzeitig Idealtypen im axiologischen Sinne des Vorbildlichen, das es im sozialen Verhalten zu verwirklichen gilt. Ferner sind sie dynamische Typen mit fließenden Übergängen: Der Normalverhaltenstypus ist stetiger Veränderung unterworfen, und er ist auch in seinem durch eine zeitliche Ebene gelegten Querschnitt — gleichsam in der Momentaufnahme — nicht deutlich begrenzt, sondern durch fließende Übergänge mit seinem Gegentypus, dem Anomalen, verbunden.

Aus dieser logischen Struktur ergeben sich alle Eigenschaften des Standard, wie sie in den einleitend wiedergegebenen Literaturmeinungen beschrieben sind: er ist nicht definierbar und kann nicht im syllogistischen Schlußverfahren angewendet werden, er ist nicht starr, wie die begrifflich tatbestandsmäßig fixierte Rechtsregel, sondern von einer gewissen Beweglichkeit und Veränderlichkeit. Seine Anwendung als Beurteilungsmaßstab erfolgt im Wege der Typenzuordnung. Ferner findet der in der eingangs wiedergegebenen außerjuristischen Definition des Standardbegriffs erkennbare Sprachgebrauch, sowohl einen einzelnen als Maßstab dienenden Gegenstand, wie das einer Vielzahl von Objekten zukommende Allgemeinbild als Standard zu bezeichnen, seine Erklärung: wie bei allen Typen sind der Standard als Allgemeinvorstellung und seine einzelnen Repräsentanten inhaltsgleiche Merkmalskomplexe.

Der Standard ist damit für den Bereich der Ästhetik identisch mit der kantischen Normalidee, deren Entstehung Kant — ähnlich wie Sigwart und Kretschmer die Bildung von Häufigkeitstypen — dahin beschreibt, „daß auf eine uns gänzlich unbegreifliche Art die Einbildungskraft ... ein Bild gleichsam auf das andere fallen zu lassen, und durch die Congruenz der mehreren von derselben Art, ein Mittleres herauszubekommen wisse, welches allen zum gemeinschaftlichen Maße dient"[170]. Diese Normalidee ist demnach „nicht aus von der Erfahrung hergenommenen Proportionen, als bestimmten Regeln, abgeleitet; sondern nach ihr werden allererst Regeln der Beurteilung möglich"[171], sie kann „in einem Musterbilde völlig in concreto dargestellt werden"[172]. In diesen Feststellungen Kants kommt das Wesentliche der logischen Struktur des Standard als eines Typus zum Ausdruck: er ist nicht aus

---
[170] Kritik der Urteilskraft, § 17; S. 79 f. der hier benutzten Ausgabe.
[171] a.a.O., S. 81.
[172] a.a.O., S. 79.

Regeln abgeleiteter Gedankeninhalt, sondern ein im Sein vorgegebener Merkmalskomplex, der in Typenmustern darzustellen ist und der sich dadurch von empirischen Häufigkeits- und Durchschnittstypen unterscheidet, daß er den Maßstab für andere in der Zukunft zur Beurteilung stehende Gegenstände der gleichen Art oder Gattung abgibt.

Das Phänomen der Standards ist aber nicht — wie die Normalidee bei Kant — auf die Ästhetik beschränkt. Bereits das aristotelische Postulat der „rechten Mitte"[173], die es im menschlichen Sein und Verhalten zu treffen gilt, kann als Forderung nach dem rechten Normalmaßstab, dem rechten Standard verstanden werden. Wie im Bereich des Ästhetischen, so entsteht, wie Dilthey ausdrücklich feststellt, „für jeden Teil menschlicher Lebensäußerungen ein Typus ihrer angemessenen Ausführung. Derselbe bezeichnet ihre Norm, wie sie zwischen den Abweichungen nach beiden Seiten liegt"[174].

Daß derartige Normalverhaltenstypen mit Notwendigkeit auch im Bereich des Rechts von Bedeutung sind, bedarf seit Georg Jellineks Darstellung der „normativen Kraft des Faktischen"[175] keiner näheren Erläuterung. Während etwa in der Ethik gegen ein Werten am Normalmaßstab der Einwand erhoben werden kann, daß das „Normale" zugleich das Nichtssagende, das Indifferente sei[176], wohingegen die Eigentlichkeit menschlicher Existenz nur in der Grenzsituation erfahren werden könne[177], ergibt sich aus der Funktion des Rechts als einer allgemeine Gültigkeit beanspruchenden Ordnung die Ausrichtung am Normalen als eine Notwendigkeit[178].

Dies geschieht einmal in der Weise, daß vorrechtliche, im Sozialleben verwirklichte Normaltypen in Rechtsregeln tatbestandsmäßig fixiert, d. h. aus Typen in begrifflich-abstrakt gefaßte Normen umgeformt werden, zum anderen aber derart, daß sie in ihrer ursprünglichen typologischen Struktur, als rechtliche Standards, Teil der Rechtsordnung werden. Die Eigenart dieser juristischen Standards und die sich aus ihrer logischen Struktur ergebende besondere Methode ihrer Handhabung wird im folgenden näher zu skizzieren sein.

---

[173] das die gesamte nikomachische Ethik durchzieht, vgl. z. B. Eth. Nic. 1103 b 20 ff.; 1109 a 1 ff.; 1134 a 1 ff.
[174] Beiträge zum Studium der Individualität, in: Gesammelte Schriften, Bd. V, S. 279.
[175] Allgemeine Staatslehre, S. 337 ff.
[176] Vgl. dazu bereits *Kant*, a.a.O., S. 81, *Heidegger*, a.a.O., § 27.
[177] Etwa *Jaspers*, Einführung i. d. Philosophie, S. 21 ff.
[178] Vgl. z. B. *Radbruch*, Der Mensch im Recht, S. 9 ff.; *Welzel*, Naturrecht u. mat. Gerechtigkeit, S. 187 ff. Zur Stellung der Existenzphilosophie zum Phänomen der Rechtsordnung: *Welzel*, Naturrecht, S. 187 ff.; als Versuch einer in der Existenzphilosophie gegründeten Rechtsphilosophie: *Maihofer*, Recht und Sein, passim.

III. Das Denken in Standards als juristische Methode

1. Einleitung: Die Normativität der rechtlichen Standards

Die Darstellung der Eigenart der rechtlichen Standards hat auszugehen von der Feststellung ihres normativen Charakters: Sie sind nicht bloße Aussagen über soziologische Gegebenheiten, sondern normativ verbindliche Maßstäbe[1]. Ihr Geltungsgrund ist daher nicht bereits die empirische Gegebenheit eines Durchschnittsverhaltenstypus, vielmehr bedarf es zu ihrer normativen Gültigkeit einer geschriebenen oder ungeschriebenen Norm der positiven Rechtsordnung, welche die Rechtspflicht zu einem dem Normalmaßstab entsprechenden Verhalten allererst begründet[2, 3].

Der Unterschied zwischen Standard und tatbestandsmäßig gefaßter Rechtsregel ist demnach jedenfalls nicht der zwischen Sein und Sollen. Sie sind vielmehr darin verschieden, daß den Inhalt der Standardnorm als eines Typus ein vom Sein nicht endgültig ablösbares Wissen bildet, während die begrifflich fixierte Rechtsregel abstrahierte, in Allgemein-

---

[1] *Esser*, Grundsatz und Norm, S. 96, N. 34.

[2] *Esser*, a.a.O., S. 98 f. u. S. 224 ff., insbes. auch dazu, daß die Erkenntnis dieses Zusammenhanges auch im anglo-amerikanischen Recht im Vordringen begriffen ist.

[3] Dabei ist es für die Darstellung der Natur der Standards gleichgültig, ob man diese Vorbedingung ihrer normativen Geltung als soziologisch-psychologische Verursachung oder rein formal-logisch als Ableitung eines Sollens aus einem anderen Sollen versteht: Das Phänomen der Standardnormen als solches läßt sich „theoretisch" den gegensätzlichen Positionen sowohl der soziologischen als der rein normativen Rechtslehre einfügen. Einerseits räumt auch die soziologische Rechtstheorie ein, daß ein Unterschied bestehen müsse zwischen der bloßen Regelmäßigkeit eines Verhaltens und seinem Gebotensein, zwischen soziologischem Sachverhalt und Norm, wobei diese Verschiedenheit freilich soziologisch-psychologisch gedeutet wird (*Ehrlich*, Grundlegung der Soziologie des Rechts, S. 135 ff.). Andererseits schließt die Reine Rechtslehre bekanntlich nicht aus, daß ein qualifiziertes Sein Inhalt eines Sollens wird, versteht diesen Vorgang aber rein formallogisch, d. h. als Ableitung eines Sollens aus einem anderen Sollen und will die Aufgabe der Rechtswissenschaft auf die Darlegung dieser logischen Beziehung beschränken (vgl. *Kelsen*, Hauptprobleme der Staatsrechtslehre, S. 9 ff.; ders. Reine Rechtslehre, S. 1 ff., 9 ff.). Das Phänomen der Standards steht damit nicht im Widerspruch zur rein normativen Rechtslehre, von ihrer Position aus kommt es vielmehr in seiner Eigenart gar nicht erst in den Blick.

begriffen gefaßte Vorstellungsgehalte zum Inhalt hat[4]. Die Standardnorm kann damit nicht endgültig fixiert werden, sie ist niemals rein kognitiv erfaßbares Objekt der Rechtsfindung und fertig vorgegebenes Mittel der Rechtsanwendung. Das vorgegebene, den Typeninhalt konstituierende Sein bietet nur Leitbilder, Orientierungsmuster für die jeweils von neuem aufgegebene Bewertung konkreter Sachverhalte, die nicht die logische Stringanz des Subsumtionsvorganges, sondern bloß die meinungsmäßige Evidenz der Typeninklusion aufweist. Das empirisch Vorgegebene bildet keinen im syllogistischen Schlußverfahren verwendbaren fertigen Obersatz[5], vielmehr ist die Standardnorm bei jedem Zuordnungsvorgang als Produkt der am vorgegebenen Typenmuster orientierten Bewertung des Beurteilers jeweils neu zu integrieren. Die herkömmliche Trennung von Norminterpretation und Applikation erweist sich jedenfalls bei den Standards als logisch ausgeschlossen. Sie ist Ausdruck einer grundsätzlich begriffslogisch ausgerichteten juristischen Denkweise, die — wie im folgenden näher darzulegen ist — die Eigenart der Standards als „Wertbegriffe" zu bewältigen versucht, dabei jedoch deren wahre logische Struktur nahezu ausnahmslos verkennt.

2. Der Ort der Standards im kodifizierten Recht: Die Wertbegriffe

a) Standards und Wertbegriffe

Die oben in der Einleitung aus der Literatur wiedergegebenen Beispiele für Standards — etwa: die „guten Sitten", „die im Verkehr erforderliche Sorgfalt", der „Grundsatz von Treu und Glauben", die „diligentia pater familias", die Maßstäbe des ordentlichen Kaufmanns und des lauteren Wettbewerbs — gehören, wie alle Standards, zu jener Kategorie von Bestandteilen der Rechtssprache, die gemeinhin als Wert- oder Würdigungsbegriffe bezeichnet werden. Die Besonderheit der Standards besteht darin, daß sie Normalverhalten zum Inhalt haben[5a].

Sie unterscheiden sich damit einmal von jenen Wertbegriffen, die sich auf Gegenstände oder Zustände beziehen (etwa „Sachen von mittlerer Art und Güte", § 343 BGB, oder „in erheblicher Weise entstellt"; § 224 StGB), zum anderen von solchen, bei denen zwar ein Verhalten, aber nicht das Normale, das Erwartete, den Maßstab bil-

---

[4] Zum Unterschied zwischen Norm und Normeninhalt, vgl. *Kelsen*, Hauptprobleme, a.a.O.

[5] Vgl. auch *Esser*, a.a.O.; unausgesprochen auch *Lundstedt*, in: Mémoires de l'Ac. Int. de Dr. comp., Bd. II, Teil II, 1934, S. 367 ff., 377; auch *Brutau*, a.a.O., S. 206.

[5a] *Esser*, a.a.O., S. 110 Anm. 77 a. E. will diese Unterscheidung, deren sachliche Berechtigung noch darzustellen sein wird, offenbar nicht machen.

det. Dabei kann es allerdings nicht auf die Formulierung ankommen, d. h. darauf, ob die Rechtsfolge an das Normale oder an das außerhalb dieses Bereichs liegende Verhalten geknüpft ist. Das Anomale kann immer nur in Bezug auf das Normale bestimmt werden[6]. Wesentlich ist nur, ob tatsächlich der Normalverhaltenstypus, das „Erwartete", den Maßstab bildet. Dies ist z. B. auch der Fall bei Wertbegriffen wie unlauterer Wettbewerb, Sittenwidrigkeit und der nach der Sozialadäquanz bestimmten materiellen Rechtswidrigkeit, die Gegentypen von Standards sind und die man daher als „negative Standards" bezeichnen mag.

Anders ist es dagegen bei Wertbegriffen wie „grausam", „unzüchtig" etc., bei denen nicht oder nicht nur das Messen an einem Normalmaßstab die Grundlage der Bewertung bildet. Allerdings sind die Grenzen nicht immer scharf zu ziehen (zweifelhaft etwa bei der Beleidigung), doch kann die Abgrenzung im Einzelfall hier außer Betracht bleiben. Der sachliche Grund der hier nur äußerlich vorgenommenen Differenzierung wird unten näher zu behandeln sein.

b) Die logische Struktur der Wertbegriffe

Zusammen mit den übrigen Wertbegriffen werden die Standards den juristischen Allgemeinbegriffen gegenübergestellt, da sie besonders allgemein und unbestimmt und daher „ausfüllungsbedürftig" seien. In Wahrheit liegt die logische Eigenart der Wertbegriffe darin, daß sie Typenbezeichnungen sind.

Ist der Typus seiner logischen Struktur nach ein durch seine Bedeutung, seinen Wert für das Stellung nehmende Denken aus der Fülle des Seins sich aufdrängender Komplex von Bestimmungen, so läßt sich umgekehrt folgern, daß durch gegebene Wertvorstellungen aus der unendlichen extensiven und intensiven Mannigfaltigkeit des Seins Typen abgehoben werden. Ohne daß es hier möglich oder erforderlich wäre, näher auf das Wertproblem einzugehen, wobei doch nur eine Wahl unter den verschiedenen, im Laufe der Geschichte der Philosophie und Theologie angebotenen Entwürfen getroffen werden könnte[7], soll weiter die These gewagt werden, daß Wertvorstellungen überhaupt nur in Typen, anhand von Musterbildern soweit verdeutlicht werden können, daß sie zur Anleitung und Beurteilung konkreten Verhaltens tauglich sind[8]. Als Beleg hierzu kann immerhin auf den Einwand verwiesen

---
[6] Vgl. *Windelband* in: Monatsschrift f. Krim. Psych. u. Strafrechtsreform, Bd. III, 1907, S. 1 ff., 2.
[7] Vgl. dazu den Überblick bei *Welzel*, Naturrecht, passim, und zum Problem der Beziehung der Jurisprudenz zu diesem „Angebot" *Weischedel*, Recht und Ethik, passim.
[8] Vgl. auch *Coing*, Grundzüge der Rechtsphilosophie, S. 159 ff.; *Ryffel* in: ARSP, Bd. 42, 1956, S. 305 ff., 507 ff., bes. S. 313, 318 f.; *Forsthoff*, Lehrbuch des Verwaltungsrechts, Bd. I, S. 77.

werden, den Aristoteles am Anfang der Nikomachischen Ethik gegenüber der platonischen Lehre von der Idee des Guten erhebt: Die abstrakte Idee des Guten ist für den Menschen weder zu verwirklichen noch zu erwerben. So wie der Arzt nicht die Gesundheit an sich sucht, sondern die Gesundheit des Menschen oder vielmehr dieses bestimmten Menschen, da er den einzelnen heilen will, geht es Aristoteles deshalb um die Frage nach dem menschlich Guten, dem für das konkrete menschliche Verhalten Guten[9]. Gegenüber der platonischen Ideenlehre betont Aristoteles mehrfach, daß für die Erörterung dieses Problems nicht die Genauigkeit gefordert werden könne, wie sie der Mathematiker leiste. Vielmehr müsse man sich damit bescheiden, in groben Umrissen das Richtige anzudeuten und damit dem sittlichen Bewußtsein eine gewisse Hilfe zu bieten[10], denn nur dieser Grad der Bestimmtheit sei dem gegebenen Stoff angemessen: „Im Bereich der Handlungen und des Förderlichen gibt es nichts Stabiles, wie auch nicht beim Gesunden. Denn dem Allgemeinen steht das Einzelne gegenüber; es läßt sich nicht festlegen und durch keine Kunst und keine Ermahnung fassen, sondern die Handelnden selbst müssen die jeweilige Lage bedenken, ebenso wie in der Medizin und in der Steuermannskunst[11]." Daher gibt es kein lehr- und lernbares Wissen von dem für das konkrete Verhalten Richtigen. Gegenstand der Wissenschaft sind die Dinge, die immer so sind, wie sie sind; derjenige, der nach dem für sein Handeln Richtigen forscht, hat es aber mit solchem zu tun, das so oder auch anders sein kann[12]. Das sittliche Wissen ist also von dem theoretischen Wissen der Wissenschaft wohl zu unterscheiden und eher der durch Übung gewonnenen Handwerkskunst vergleichbar, wenn auch nicht mit ihr identisch[13]. Das Richtige kann nur in Umrissen angedeutet, in Leitbildern beschrieben werden, die nur den Geltungsanspruch von Schemata haben und immer erst in der konkreten Situation des Handelnden zu konkretisieren sind[14].

Nach der gegebenen Darstellung der logischen Struktur des Typus liegt es auf der Hand, daß die hier von Aristoteles als seinem Gegenstand allein angemessen beschriebene Methode ihrer logischen Struktur nach ein typologisches Verfahren ist. Da exakte begriffliche Fixierung dem jeweils Richtigen, das es in konkreten Situationen zu treffen gilt, nicht angemessen wäre, geht es um eine Orientierung am Typen-

---

[9] Eth. Nic. 1096 b 31 ff.; vgl. zum folgenden insbes. *Gadamer*, a.a.O., S. 295 ff.
[10] Eth. Nic. 1094 a 2, 1094 b 19.
[11] 1103 b 27 ff., S. 83 der benutzten Ausgabe.
[12] 1139 a 4 ff.
[13] Zur aristotelischen Abgrenzung zwischen Phronesis und Techne vgl. *Gadamer*, S. 299 ff.
[14] Vgl. auch *Gadamer*, S. 303.

2. Die Wertbegriffe

muster, bei der nicht die exakte Genauigkeit des syllogistischen Schlußverfahrens, sondern nur eine approximative Bestimmtheit erreicht werden kann.

Von der gleichen Struktur sind die rechtlichen Wertbegriffe: sie bezeichnen ein Wissen, „das nicht immer so ist wie es ist", das sich nur in jeweils konkreten Situationen, in der Anwendung auf den bestimmten Fall konkretisiert[15] und das daher nicht abstrakt fixiert, sondern nur in seinen konkreten Applikationen, in Leitbildern, angedeutet werden kann.

Für den juristischen Bereich ist demnach daran festzuhalten, daß die vom Gesetz- bzw. Verfassunggeber verwendeten Wertbegriffe Sammelbezeichnungen für eine Vielfalt von Typen, insbesondere — soweit sie Normalverhalten zum Gegenstand haben — von Standards oder deren Gegentypen sind. Sie sind damit ihrer logischen Struktur nach von den abstrakten Allgemeinbegriffen unterschieden: sie können nicht definiert, d. h. ihr Inhalt kann nicht wie der eines Allgemeinbegriffs endgültig mit den Methoden der traditionellen juristischen Hermeneutik bestimmt werden und sie sind nicht im syllogistischen Schlußverfahren auf konkrete Sachverhalte anwendbar. Vielmehr kann ihr Sinngehalt nur durch Musterbeispiele deutlich gemacht und in konkreten Situationen verwirklicht werden; ihre Anwendung als Beurteilungsmaßstab geschieht nicht im Wege der Subsumtion[16], sondern durch den „gradual process of inclusion and exclusion"[17] der Typenzuordnung.

Abzulehnen sind zunächst die vielfachen Versuche eines begriffslogisch geschulten juristischen Denkens, den aufgezeigten Struktur-

---

[15] Vgl. auch W. G. *Becker* in: JR 1949, S. 489 ff., 523 ff., 1950, S. 5 ff., der den eigentlichen, in Tatbestand und Rechtsfolge manifestierten normativen Elementen der Norm die sachverhaltsbestimmenden oder *notativen* Elemente gegenüberstellt (S. 490 f.). Notativ fixierte Normen sind danach solche mit „offenem" oder „schwimmendem" Tatbestand (d. h. also mit „normativen" Begriffen i. S. der strafrechtlichen Terminologie), bei denen dem konkreten Sachverhalt Einfluß auf die Ausgestaltung der Rechtsfolge zukommt, die bei den „normativ fixierten" Normen ausschließlich auf den fertigen Tatbestand abgestellt ist. Die Unterscheidung der notativen von den normativen Elementen stimmt demnach mit der hier vorgenommenen Differenzierung zwischen typologischen und begriffslogischen Strukturen überein. Becker ist vor allem auch darin zu folgen, daß man mit der Qualifizierung der Wertbegriffe (insbes. etwa der sogen. Generalklauseln) als notativ fixiert — hier: von typologischer Struktur — vermeidet, „sie in den leicht mystisch gefärbten Bereichen des ‚höheren Rechts' anzusiedeln", a.a.O., S. 493.

[16] Vgl. auch — wohl bisher am eindeutigsten — *Wieacker*, Zur rechtstheoretischen Präzisierung des § 242 BGB, passim, ebenso *Hoeniger*, Riskante Rechtsausübung, S. 14 ff., s. unten, Anm. 30; a. A. *Scheuerle*, Rechtsanwendung, S. 112.

[17] So die bereits erwähnte Formulierung des Supreme Court in Davidson v. New Orleans, a.a.O.

unterschied entweder zu leugnen oder die logische Eigenart der Wertbegriffe mit den Mitteln der Begriffslogik zu bewältigen. Dabei geht es naturgemäß um die sachliche Differenzierung, nicht um eine Kritik an der in den verschiedenen Rechtsbereichen gebräuchlichen, fast durchweg das Wort „Begriff" verwendenden[18] Terminologie — die allerdings häufig Ausdruck der Verkennung der hier in Rede stehenden logischen Eigenart ist[19].

Der hier behauptete Strukturunterschied zwischen den Wertbegriffen (diese Terminologie sei beibehalten, das Wort „Begriff" also untechnisch, wie schon in den Wortverbindungen „Typusbegriff" und „Individualbegriff" gebraucht) und den sonst verwendeten Allgemeinbegriffen wird zunächst ganz geleugnet mit dem Hinweis einmal auf die Wertbezogenheit, zum anderen auf die vielfach feststellbare Unbestimmtheit aller Rechtsbegriffe.

Die erstere Auffassung wird damit begründet, daß alle im juristischen Bereich verwendeten Begriffe in ihrem Inhalt bestimmt werden durch die spezifisch rechtlichen Zwecke und Werte, sei es, daß sie nur zu juristischen Zwecken gebildet, oder daß sie durch Aufnahme in gesetzliche Tatbestände oder sonst juristische Verwendung aus Begriffen der Alltagssprache in Rechtsbegriffe umgeformt werden. Daraus wird gefolgert, daß alle Tatbestandselemente normative, alle Tatbestände „begrifflich normativer Art" seien[20].

Dieser Ansicht liegt offenbar die bereits oben[21] als oberflächlich kritisierte Gleichsetzung der Funktion des Wert- oder Bedeutungsgesichtspunktes einerseits für die Begriffsbildung, andererseits für die Beschreibung von Typen und Individuen zugrunde. Wie schon Rickert

---

[18] Verwendet werden etwa — z. T. in verschiedener Abgrenzung gegeneinander — die Termini: „Würdigungsbegriffe" (*Zitelmann* in Jb. d. Gehe-Stiftung, Bd. X, 1904, S. 243 ff., 280 ff.); „Blankettbegriffe" (*Stoll* in Iherings-Jb. Bd. 76, 1926, S. 134 ff., 153; *Ohlmer*, Richterfreiheit und Begründungspflicht, passim); „dehnbare Begriffe" (*Stoll*, a.a.O.); „normative Begriffe oder Tatbestandselemente" (allenthalben in der Strafrechtslehre im Anschluß an M. E. *Mayer*, Der allgemeine Teil d. Dt. Strafrechts, S. 182 ff.); „unbestimmte Begriffe" (vor allem in der Verwaltungsrechtslehre, vgl. etwa Walter *Jellinek*, Gesetz, Gesetzesanwendung und Zweckmäßigkeitserwägung, S. 36 ff. sowie die unten S. 73 Anm. 29 zitierte Literatur; aber auch im Prozeßrecht: *Schwinge*, Grundlagen des Revisionsrechts, S. 118) und „Wertbegriffe" (vgl. etwa *Forsthoff*, a.a.O.). *Coing*, a.a.O., S. 271 stellt den Allgemeinbegriffen die „Wesensbegriffe" gegenüber, die das „Wesen" des gemeinten Gegenstandes wiedergäben, z. B. „Treu und Glauben".

[19] Zu Recht wendet sich daher *Hoeniger*, a.a.O., S. 15, dagegen, etwa vom „Begriff des wichtigen Grundes" i. S. des § 626 BGB zu sprechen.

[20] Erik *Wolf* in: Die Reichsgerichtspraxis im dt. Rechtsleben, Bd. V, S. 44 ff., 56; ders. Die Typen der Tatbestandsmäßigkeit, S. 59.

[21] S. 45 f.

2. Die Wertbegriffe

gerade am Beispiel der juristischen Begriffe dargelegt hat[22], verfolgt nahezu jede Begriffsbildung bestimmte Zwecke, ist daher jeder Begriff seinem Inhalt nach Wert- oder zweckbezogen. Der jeweilige Wert- oder Bedeutungsgesichtspunkt ist das Motiv der Begriffsbildung. Beim Individuum oder Typus und damit bei den hier in Rede stehenden Wertbegriffen ist die Beziehung zum Wertgesichtspunkt demgegenüber eine andere, eine engere: ihr Inhalt kann ohne die Voraussetzung eines Wert- oder Bedeutungsgesichtspunktes nicht gedacht werden, denn dieser ist notwendige Bedingung dafür, daß sie zu Denkobjekten werden[23/28].

Auch der Hinweis auf die Unbestimmtheit vermag nicht zu überzeugen. Die Feststellung, daß die meisten oder jedenfalls sehr viele Rechtsbegriffe unbestimmt seien[29], kann zwar nicht bezweifelt werden, sie widerlegt aber nicht den hier in Rede stehenden Strukturunterschied. Die Unbestimmtheit der Allgemeinbegriffe ist eine andere als die der Wertbegriffe.

Bei den Allgemeinbegriffen kann unklar sein, welche Merkmale den abstrakten Begriffsdefinitionen angehören sollen, bei den Wertbegriffen

---

[22] Zur Lehre von der Definition, S. 37 ff.

[23/28] Vgl. insoweit auch *Engisch* in: Festschrift für Mezger, 1954, S. 127 ff., 140, sowie ausdrücklich S. 147: „Die normativen Merkmale zielen auf Gegebenheiten ab, die überhaupt nur unter logischer Voraussetzung einer Norm vorgestellt und gedacht werden können". Die strafrechtliche Terminologie, die den „normativen Tatbestandselementen" die Allgemeinbegriffe als „deskriptive Merkmale" gegenüberstellt (so zuerst *Mezger*, Vom Sinn der strafrechtlichen Tatbestände, S. 34; vgl. dazu die eben zitierte Arbeit Engischs, in der die gesamte strafrechtliche Lehre zu dieser Unterscheidung dargestellt ist), erscheint freilich geradezu als irreführend. Die Allgemeinbegriffe sind gerade nicht deskriptiv: sie beschreiben nicht im Sein Vorgegebenes, sondern ihren Inhalt bilden von der Realität abstrahierte, selbständig konstituierte Vorstellungsgehalte. Sie sind von den Seinsgegebenheiten unabhängig; reale Gegenstände mögen ihnen entsprechen und damit subsumierbar sein, notwendig ist eine solche Entsprechung aber nicht (s. o. S. 54 f.). Umgekehrt bezeichnen die „normativen Tatbestandselemente" (i. S. der Wertbegriffe; zur Unterscheidung von den übrigen normativen Begriffen, d. h. solchen Allgemeinbegriffen, die lediglich Verweisungen auf andere Normen darstellen, vgl. *Engisch*, Einführung in das Juristische Denken, S. 111) ein Wissen, das nicht endgültig von einem Sein abstrahiert und nur durch Deskription von Typenmustern dargestellt werden kann. Vgl. dazu auch die Unterscheidung W. G. *Beckers*, a.a.O., zwischen notativen und normativen Elementen, die der hier vorgenommenen Differenzierung zwischen typologischen und begriffslogischen Strukturen gleichzusetzen ist, so daß also die „notativen" Elemente Beckers den „normativen" i. S. der strafrechtlichen Terminologie entsprechen und die „normativen" Elemente mit den „deskriptiven" i. S. der hier in Frage gestellten strafrechtlichen Unterscheidung identisch sind.

[29] Vgl. z. B. besonders ausgesprochen *Schwinge*, a.a.O., S. 120; *Reuß* in: DVBl 1953, S. 649 ff.; *Steindorff* in: DVBl 1954, S. 110, 111; *Jesch* in AöR 82, 1957, S. 163 ff.. 165 ff.

ist dagegen unbestimmt, welche Seinsgegebenheiten von ihnen bezeichnet werden. Die Unbestimmtheit der Allgemeinbegriffe kann grundsätzlich behoben werden — dies ist Aufgabe der von Rechtsprechung und Lehre gehandhabten Begriffsinterpretation —, die der Wertbegriffe ist dagegen nicht endgültig behebbar. Abstrakte Begriffsinhalte lassen sich ein für alle Mal fixieren, es geht nur darum festzulegen, welche Merkmale die Definition enthalten soll[30]. Inhalt der Wertbegriffe sind dagegen nicht abstrakte, unabhängig von einem Sein denkbare Vorstellungskomplexe. Sie zielen vielmehr auf etwas, das „so oder auch anders sein kann" und bezeichnen damit ein von einem Sein nicht endgültig ablösbares Wissen, das teilhat an der Mannigfaltigkeit und Veränderlichkeit alles Seienden und daher nicht definierbar und dem Subsumtionsvorgang nicht zugänglich ist[31]. Abstrakte Fixierungen ihrer Inhalte sind zwar nicht völlig ausgeschlossen[32], können aber immer nur partielle Gültigkeit beanspruchen. Die Wertbegriffe sind Bezeichnungen für dynamische Typen mit fließenden Übergängen, die nicht vollständig und endgültig in Allgemeinbegriffe umgeformt werden können[33]. Ihre Kon-

---

[30] Dies gilt auch für die linearen, quantitativen Ordnungsbegriffe, wie z. B. „grelles Licht", „rot" oder den häufig zitierten Begriff der „Nachtzeit" (vgl. für diese und ähnliche Beispiele *Engisch*, a.a.O., S. 142 f.; *Forsthoff*, a.a.O., S. 75; W. *Jellinek*, a.a.O.). Man kann ein für alle Mal (nach dem Gesetzeszweck und daher für verschiedene gesetzliche Vorschriften möglicherweise verschieden) festlegen, welcher Wellenlängen- und Lichtstärkenbereich den Begriffsinhalt bilden soll. Der Vorstellungsgehalt, der den Inhalt dieser Begriffe bildet, läßt sich von der Realität ablösen, weil er konstant ist: Lichtstrahlen, die jetzt und hier „rot" oder „grell" im Sinne der Begriffsbestimmung sind, sind es zu jeder Zeit und unter allen Umständen. Lineare Ordnungsbegriffe bezeichnen demnach ein Wissen, das im aristotelischen Sinne „immer so ist wie es ist", d. h. ein von der Veränderlichkeit und Mannigfaltigkeit alles Seienden ablösbares Wissen.

[31] Vgl. dazu auch *Hoeniger*, a.a.O., S. 14 f., der — vor *Wieacker*, a.a.O. — wohl am klarsten den Unterschied zwischen „Werttatbeständen" und Allgemeinbegriffen herausgestellt hat und z. B. zutreffend feststellt: „Niemals geschieht die Einordnung (!) des konkreten Tatbestandes unter den gesetzlichen Werttatbestand im logischen Wege der Subsumtion .... An vergleichenden Richtpunkten mißt der Richter ab, ob er dieses (irgendein) Verhalten nach der einen oder anderen Richtung bewertet", a.a.O., S. 16.

[32] *Grünhut*, Begriffsbildung und Rechtsanwendung im Strafrecht, S. 8, spricht von einer „Strukturverschlingung faktischer und normativer Elemente" in den einzelnen Tatbestandselementen selbst, deren Ausdruck er in der Tendenz der Rechtsanwendung sieht, „die ihr aufgegebenen Bewertungen auf die Feststellung bestimmter regelmäßig wiederkehrender Verhaltensweisen zurückzuführen, also — ähnlich wie die Gesetzgebung — Werturteile zu Tatbeständen zu vertypen". Bei diesen Feststellungen bleibt unklar, ob mit der „Strukturverschlingung" begrifflich abstrakte Fixierung oder nur die Bezugnahme auf Typenmuster — die zur Verdeutlichung des Typeninhalts unerläßlich ist, die eigene Wertung des Beurteilers jedoch nicht ausschließen kann — gemeint sein sollen. Bemerkenswert ist aber, daß mit dem Hinweis auf regelmäßig wiederkehrende Verhaltensweisen auf ein relativ konstantes, daher vom Sein ablösbares Wissen, Bezug genommen wird.

[33] s. o. S. 51 f.

2. Die Wertbegriffe

kretisierung durch Präjudizien etwa[34] bedeutet logisch entweder nur die Verdeutlichung des Typengehalts durch vorgegebene Muster, die eine verstehende Beurteilung bei jedem Zuordnungsvorgang noch nicht überflüssig macht, oder — bei fortgeschrittener Fixierung — zwar Definition und damit Abstraktion zu Allgemeinbegriffen, die jedoch den Gesamttypus nicht auszuschöpfen vermögen.

Im Ergebnis ist damit festzustellen, daß weder mit dem Hinweis auf die Wertbezogenheit noch mit dem auf die Unbestimmtheit aller Rechtsbegriffe der logische Strukturunterschied zwischen Wertbegriffen und Allgemeinbegriffen geleugnet werden kann: Wertbezogenheit und Unbestimmtheit sind bei beiden Begriffskategorien etwas Verschiedenes.

Weiterhin müssen auch alle Versuche, den hier behaupteten Strukturunterschied zwar nicht zu leugnen, aber ihn mit den Mitteln der Begriffslogik zu bewältigen, als verfehlt bzw. das Wesen der logischen Verschiedenheit nicht treffend, bezeichnet werden. Nach dem bisher Ausgeführten erweist sich vor allem die Auffassung als unrichtig, daß die Wertbegriffe von den anderen Rechtsbegriffen durch ihren besonders hohen Grad der Allgemeinheit unterschieden seien[35]. Bestimmt man den Ausdruck „allgemein" hier als auf den logischen Umfang von Begriffen bezüglich[36], so ist festzustellen, daß Möglichkeit oder Unmöglichkeit der Definition und der Subsumtion von dem Grad der Allgemeinheit gänzlich unabhängig sind. Allgemeinbegriffe sind grundsätzlich definierbar und können im syllogistischen Schlußverfahren angewendet werden[37], während umgekehrt die Wertbegriffe unabhängig vom Grad ihrer Allgemeinheit den logischen Operationen der Definition und Subsumtion nicht zugänglich sind[38]. Soll andererseits mit „allgemein" ein größerer Abstand vom Realen bezeichnet werden, so ergibt sich aus den vorstehenden Ausführungen, daß diese Kennzeichnung der Wertbegriffe nachgerade unrichtig ist, denn sie sind dadurch von den Allgemeinbegriffen verschieden, daß ihr Inhalt nicht vom Sein losgelöst gedacht werden kann.

---

[34] Auf die besonders Forsthoff, a.a.O., S. 77 f., hinweist.
[35] So etwa *Zitelmann*, a.a.O., S. 278, ferner *Hedemann*, a.a.O., passim, bes. S. 53 ff., auch *Wehli*, a.a.O., S. 434; F. *von Hippel* in: Rechtstheorie und Rechtsdogmatik, S. 149 ff. Dagegen zutreffend *Wieacker*, a.a.O., S. 16.
[36] Vgl. dazu etwa *Engisch*, Idee, S. 8 ff. und allgemein zum Umfang von Begriffen *Sigwart*, Logik § 42.
[37] Beispielsweise können unter jeden Begriff der Reihe: „Ding-Sache-Tier-Haustier-Hund" gleichermaßen andere Gegenstände im syllogistischen Schlußverfahren subsumiert werden, jeder dieser Begriffe bietet für die Definition mehr oder weniger Schwierigkeiten, alle sind aber grundsätzlich definierbar.
[38] Vgl. etwa die Reihe: „Richtiges Verhalten — Verhalten im Rechtsverkehr gemäß Treu und Glauben — Bewirkung einer Leistung in der Weise, wie Treu und Glauben es erfordern — Leistung von Sachen mittlerer Art und Güte bei Gattungsschulden."

Offenbar auf dem gleichen, unzutreffenden Gesichtspunkt der Allgemeinheit der Wertbegriffe beruht die Ansicht, daß sie einen Rahmen darstellten, der vom Richter auszufüllen sei[39]. Hiergegen ist einzuwenden, daß eine feste Begrenzung, die die Vorstellung eines Rahmens impliziert, bei den Wertelementen keineswegs gegeben ist. Sie setzen keine festen Grenzen für einen individuellen Entscheidungsspielraum, wie es bei Rahmenvorschriften der Fall ist, sondern bieten durch vorgegebene Verhaltensmuster Orientierungspunkte für die dem Beurteiler stets von neuem aufgegebene Bewertung.

Ebenso kann die Vorstellung einer ausfüllungsbedürftigen Blankettnorm nicht befriedigen[40]. Auch sie entspringt offenbar begriffslogischem Denken: Wie bei der Anwendung von Allgemeinbegriffen im syllogistischen Schlußverfahren ohne Bezugnahme auf anderes Sein der konkrete Beurteilungsgegenstand dem abstrakten Begriffsinhalt subsumiert wird, so wird er hier unmittelbar der Blankettnorm konfrontiert. Deren näheren Inhalt zu bestimmen ist nun Aufgabe des Richters — ganz so als wenn es sich um die Bestimmung einer Begriffsdefinition handelte — wobei er entweder in freier Würdigung der konkreten Umstände aus sich heraus zu entscheiden hat oder auf eine außerhalb des Gesetzes vorhandene Wertordnung verwiesen wird[41].

Diese Gegenüberstellung von Blankett- und Würdigungsbegriffen[42] bzw. Delegations- und Rezeptionsnormen[43] entspricht nicht der logischen Struktur der Wertbegriffe als Typenbezeichnungen[44]. Einerseits werden die Wertbegriffe immer schon ausgefüllt vorgefunden — der Richter fällt nicht seine Entscheidung gleichsam im luftleeren Raum. Vielmehr sind ihm Typenmuster vorgegeben in gesetzlichen Tatbeständen, die fixierte Fragmente des gleichen Typus darstellen, in Präjudizien und in Gestalt außerrechtlicher Normalverhaltensweisen, die sein Vorverständnis bestimmen. Der Beurteiler ist immer hineingestellt in eine lebendige juristische und außerjuristische Tradition, von der er nicht absehen darf, um eigene subjektive Wertvorstellungen zu verwirklichen[45], von

---

[39] G. *Kiß* in: Ihrings-Jb. 58, 1911, S. 413 ff., 466; *Ohlmer*, a.a.O., S. 19.
[40] Vgl. etwa *Heck* in: AcP 112, 22; ders. Das Problem der Rechtsgewinnung, S. 21; F. *Vierhaus*, Über die Methode der Rechtsprechung, S. 62.
[41] *Stoll*, a.a.O., S. 154; *Ohlmer*, a.a.O., S. 46; *Vierhaus*, a.a.O.
[42] *Stoll*, a.a.O.
[43] *Ohlmer*, a.a.O.; vgl. auch *Less*, Vom Wesen und Wert des Richterrechts, S. 26: Es sei „eine Art delegierter Gesetzgebungsgewalt, die von der Rechtsprechung in diesen Fällen geübt" werde, die sich aber noch als Auslegung begreifen lasse.
[44] Vgl. auch *Esser*, a.a.O., S. 84 f., *Wieacker*, a.a.O.
[45] Vgl. etwa *Weigelin* in Ihrings-Jb. 52, 1940, S. 1 ff., 20; *Vierhaus*, a.a.O., S. 45; *Ohlmer*, a.a.O., S. 72; *Bettermann* in: Jellinek-Gedächtnisschrift, S. 361 ff., 368; *Engisch*, Mezger Festschr. S. 139, 157; Erik *Wolf* in: RG-Festgabe, S. 56; ders. Typen der Tatbestandsmäßigkeit, S. 60.

2. Die Wertbegriffe

der er sich letztlich auch nicht völlig befreien könnte, da sie jedem Menschen als einem geschichtlichen Wesen notwendiger Teil seiner Existenz ist[46]. Ohne diesen vorgegebenen, tradierten Gehalt wären alle Wertbegriffe inhaltslose, zur Anleitung konkreten Verhaltens unbrauchbare Leerformeln[47], in die man nach Belieben abstrakte Gehalte hineinlegen könnte, um sie beim anschließenden Subsumtionsvorgang wieder herauszuholen. Andererseits ist mit der Feststellung, daß die Wertbegriffe geschichtlich tradierte, in der sozialen Wirklichkeit vorgegebene Verhaltenstypen bezeichnen, keineswegs die Eigenwertung des Beurteilers, also insbesondere des Richters, ausgeschlossen. Die Vorstellung, daß mit den Wertbegriffen ein außer- oder vorrechtliches Wert- oder Normensystem rezipiert werde, das nunmehr, ebenso wie das begrifflich gefaßte Normensystem der Rechtsordnung im syllogistischen Schlußverfahren auf konkrete Sachverhalte angewendet werden könnte, ist verfehlt. Ein solches, begrifflich fixiertes, vom Sein gelöstes Wertsystem, unter das konkrete Sachverhalte einfach subsumiert werden könnten, existiert allenfalls in ethischen und rechtsphilosophischen Entwürfen, deren Allgemeingültigkeit bezweifelt werden muß[48]. Die jeweils geschichtlich existente Wertordnung besteht vielmehr nur in einer Vielzahl vorgegebener Typenzusammenhänge, denen nur Leitbilder für den jetzt und hier zu entscheidenden Fall entnommen werden können[49]. Freiheit und Gebundenheit sind damit bei der Handhabung der Wertbegriffe nicht kontradiktorische Gegensätze, sondern durch fließende Übergänge verbundene Pole, zwischen denen der Entscheidungsspielraum des Beurteilers liegt: Die Entscheidung des konkreten Sachverhalts erfolgt im Wege der Typenzuordnung, bei der, wie oben dargelegt, die eigene Wertung des Entscheidenden nicht ausgeschlossen werden kann, aber von vorgegebenen Typenmustern auszugehen hat. Sie ist ein Integrationsvorgang[50], durch den die tradierte Norm stetig weiter mit Substanz gefüllt und in diesem Sinne konkretisiert wird.

Auf diese Weise — durch Zuordnung konkreter Sachverhalte, die für die juristische Betrachtung von vornherein nur als Typen, nicht als Individuen in Erscheinung treten[51] — entstehen innerhalb des Gesamt-

---

[46] Vgl. dazu *Weischedel*, a.a.O., S. 33; *Betti*, Das Problem der Kontinuität im Lichte der rechtshistorischen Auslegung, S. 3 ff.
[47] s. die erwähnte Kritik des Aristoteles an der platonischen Ideenlehre, o. S. 69 f.; E. *Topitsch*, Über Leerformeln in: Festschr. f. Viktor Kraft, S. 233 ff.
[48] Vgl. insbes. zu Scheler und Nicolai Hartmann: *Weischedel*, a.a.O., S. 21 ff. und *Welzel*, Naturrecht, S. 180 ff.; zu Stammler: Erich *Kaufmann*, a.a.O., S. 11 ff.
[49] Vgl. auch *Ohlmer*, S. 75 ff.
[50] So auch *Esser*, a.a.O. mit N. 244; *Wieacker*, a.a.O., S. 15; auch *Betti*, Rabel-Festschr. Bd. II, S. 135.
[51] Vgl. unten S. 85 f.

typus Hierarchien von Untertypen, von Leitbildern, die sich zwischen den Wertbegriff, die oberste Bezeichnung des Gesamttypus und die Ebene der konkreten Fälle, die es zu beurteilen gilt, einschieben[52]. Es entsteht das oben beschriebene Phänomen der „Enkapsis", der Einschachtelung von Typenzusammenhängen, die zusammen den durch den Wertbegriff bezeichneten Gesamttypus bilden. Dieses differenzierte Gefüge (um den zu sehr an starre Fixierungen erinnernden Begriff des Systems zu vermeiden) mag an bestimmten Stellen bereits zu fester begrifflicher Form erstarrt sein, an anderen noch wenig Dichte haben. Insgesamt bietet es der Zuordnung weit größere Sicherheit und Evidenz, als die Konfrontation mit der allumfassenden Formel.

3. Zur Methodik des typologischen Rechtsdenkens

Aus der gegebenen Bestimmung der logischen Struktur der Standards und der übrigen Wertbegriffe ergibt sich die Bedeutung der typologischen Methode in der Jurisprudenz.

Im Bereich tatbestandsmäßig fixierter Normen kann ihr nur eine Hilfsfunktion zukommen: gegen die Ersetzung begriffslogisch definierter Tatbestände durch konkrete (etwa Vertrags- oder Täter-) Typen, die angeblich mit den Normen gemeint sein und auf die sich die Rechtsfolgen daher in Wahrheit beziehen sollen, läßt sich bereits von der Logik her einwenden, daß damit an die Stelle logisch exakten begrifflichen Denkens seine Vorstufe, die vergleichsweise primitive typologische Methode treten würde[53, 54].

Der Hauptanwendungsbereich des typologischen Verfahrens in der Jurisprudenz ist vielmehr dort zu sehen, wo die rechtliche Ordnung sich — noch — nicht in begrifflich-tatbestandsmäßig festgelegten Normen kristallisiert hat[55]. Das juristische Denken hat es einmal mit (Klassen-) Begriffen zu tun, nämlich sofern und soweit die rechtliche Ordnung als System begriffslogisch definierter Rechtssätze Gestalt gewonnen hat. Dies ist der Bereich der Denkvorgänge der Interpretation im Sinne der Ermittlung von Begriffsinhalten (d. h. der jeweils richtigen Definition) unter Anwendung bestimmter Methoden — und der Rechtsanwendung im Sinne der Subsumtion konkreter Lebenssachverhalte unter begrifflich-tatbestandlich festgelegte Normen.

---

[52] Vgl. bereits *Baumgarten*, Die Wissenschaft vom Recht und ihre Methode, Bd. I, S. 206 ff., der von „Leitsätzen der Praxis" spricht, die sich als Zwischenglieder zwischen die allgemeine Formel und die Einzelentscheidung einschieben.
[53, 54] H. J. *Wolff*, a.a.O., S. 196.
[55] A. A. *Larenz*, a.a.O., S. 338, der die Hauptbedeutung des Typus in der Rechtswissenschaft in seiner Funktion als Mittel der Erfassung und Darstellung von Rechtsverhältnissen, insbes. von Vertragsverhältnissen sieht.

3. Zur Methodik des typologischen Rechtsdenkens

Soweit andererseits — wie im Bereich der Standards und der anderen Wertbegriffe — rechtliche Wert- oder Ordnungsvorstellungen sich (noch) nicht als System begrifflich fixierter Regeln kristallisiert haben, soweit sie noch „undefiniert" geblieben sind, bilden sie zunächst Typenzusammenhänge, in die der jeweils zur Entscheidung stehende Sachverhalt einzuordnen ist, um so seine Lösung, die Bestimmung der Rechtsfolge zu finden[56].

Diese These findet insbesondere bei der Betrachtung des Phänomens des anglo-amerikanischen Rechtsdenkens eine Bestätigung. Anwendung und Fortbildung des anglo-amerikanischen Rechts, das durch das überwiegende Fehlen begrifflich fixierter Normen vom vorzugsweise systematisch kodifizierten kontinental-europäischen verschieden ist, geschehen im Wege des typologischen Verfahrens[57]. Dies ist die logische Struktur des „reasoning from case to case": konkrete, zur Entscheidung stehende Sachverhalte werden in den Zusammenhang vorgegebener Falltypen eingeordnet, bei denen die Problemlösung, die Verknüpfung des Sachverhalts mit der Rechtsfolge, bereits erfolgt ist. Die anglo-amerikanische Rechtstheorie „does not admit of single decisions standing on their own"[58], andererseits fixieren die Präjudizien keine Grenzen, innerhalb deren man sich zu bewegen hat. „Sie setzen vielmehr Richtlinien, von denen aus man zum Urteil gelangt. Sie geben die Erfahrungsbasis und die Richtung der akzeptierten Normenbildung an, die Unterlage des vorhandenen Rechts also, von der man auf einmal sowohl nach Stoff wie nach Richtung nur eine kurze Strecke abweichen darf oder kann; den festgesetzten Komplex, mit dessen Gesamttendenz die neue Entscheidung übereinstimmen wird[59]." Präjudizien sind „practical means of marshalling past experience for present choice"[60]. „The decisions of yesterday or of the last century are only the starting-points[61]."

---

[56] Vgl. auch *Esser*, a.a.O., S. 97: Wo feste Regeln fehlten, wo nicht ein axiomatisches Ableitungssystem juristischer Begriffe bestehe, spiele der Standard die zentrale Rolle bei der Normbildung.
[57] So auch *Radbruch*, Klassenbegriffe und Ordnungsbegriffe im Rechtsdenken, a.a.O., S. 52 ff., allerdings unter Zugrundelegung der oben abgelehnten Auffassung (Erdmanns und Hempel-Oppenheims) des Typus als Ordnungsbegriff. Die hier vertretene These deckt sich mit der Feststellung W. G. *Beckers*, daß die Normen des anglo-amerikanischen Rechts stärker „notativ verwurzelt" seien, als in unserem Rechtskreis, a.a.O., S. 493; ähnlich ders.: Das Common Law als Methode der Rechtsfindung, S. 52 f.; dortselbst S. 56 f. auch allg. über die Realitätsnähe des anglo-amerikanischen Rechts. Zutreffend auch die Beobachtung Beckers, JR 49, S. 496, daß die vielfach feststellbare allmähliche Annäherung des anglo-amerikanischen Rechts an das kontinentale Rechtsdenken eine Hinwendung zur „normativ-fixierten", d. h. zur begrifflich-tatbestandsmäßig festgelegten Rechtsnorm bedeutet.
[58] *Llellewyn*, The Bramble Bush, S. 42 f.
[59] *Llellewyn*, Präjudizienrecht und Rechtsprechung in Amerika, Bd. I, S. 79.
[60] *Stone*, The Province and Function of Law, S. 192.
[61] *Douglas* (Richter des Supreme Court) in: 49 Col. L. R., S. 735 ff., 736 (1949). Ähnlich *von Laun*, Stare decisis, S. 13 f.

Die Norm ist damit nicht ein fest Vorgegebenes, das auf den konkreten Fall nur angewendet wurde, sondern in der Anwendung selbst bekommt sie ihren jetzt und hier gültigen Gehalt: „It cannot be said that the legal process is the application of known rules to diverse facts ... The rules change as the rules are applied[62]."

Dieses typologische Verfahren der Rechtsfindung hat den gesamten Denkstil der vorwiegend im Wege der „case method" auch ausgebildeten anglo-amerikanischen Juristen[63] entscheidend geprägt. Gegenüber dem begrifflich-abstrakten kontinental-europäischen Rechtsdenken ist das anglo-amerikanische allgemein zu kennzeichnen als ein Denken in Typen[64]. Wohl alle vielfach hervorgehobenen Besonderheiten des anglo-amerikanischen juristischen Denkens stehen im Zusammenhang mit diesem logischen Strukturunterschied. Aus ihrer typologischen Struktur ergibt sich die „Konkretheit" und Anschaulichkeit dieser Denkweise, wie sie etwa darin zum Ausdruck kommt, daß der englische oder amerikanische Richter den Sachverhalt, den er zu entscheiden hat, viel ausführlicher und damit anschaulicher schildert als im allgemeinen der deutsche Richter[65]. Logischer Grund dieser Eigenart ist die verschiedene Struktur des „Hin- und Herwanderns des Blickes" bei der Subsumtion unter begrifflich gefaßte Rechtsregeln einerseits, bei der Zuordnung zum Typus andererseits: Die typologische Methode erfordert eine umfassendere Betrachtung des Urteilsgegenstandes, da diesem in seiner intensiven Mannigfaltigkeit zukommende, dem Typus aber fehlende Merkmale die Zuordnung ausschließen könnten[66]. Notwendig ist daher das anglo-amerikanische Rechtsdenken stärker am Sachverhalt orientiert und interessiert.

Weiterhin erweist sich, daß im anglo-amerikanischen Recht vielfach die soziologischen oder psychologischen Typen mit fließenden Übergängen als rechtsrelevant erhalten geblieben sind, wo bei uns durch Umformung in Klassenbegriffe scharfe Trennungslinien gezogen wurden[67].

---

[62] *Levi*, An Introduction to Legal Reasoning, S. 3 f.

[63] Vgl. insbes. zur Lehrmethodik der amerikanischen Law Schools: *Cavers*, Legal Education in the USA, passim., zum Unterschied der deutschen und amerikanischen Lehrmethode: *von Mehren*, in: Festschr. f. Rabel, Bd. I, S. 67 ff., 77.

[64] So daß *Levi*, a.a.O., S. 1 die in ihrer Allgemeinheit korrekturbedürftige These aufstellt: „The basic pattern of legal reasoning is reasoning by example." Dazu kritisch W. G. *Becker* in: 18 Univ. of Chicago L. R., S. 394 ff., 397 (1951).

[65] Vgl. z. B. *Radbruch*, Der Geist des englischen Rechts, S. 35 f.; W. G. *Becker*, JR 49, a.a.O.

[66] s. o. S. 56 f.

[67] So etwa hinsichtlich der beschränkten Geschäftsfähigkeit gegenüber unserem § 106 BGB und der Deliktsfähigkeit gegenüber § 828 BGB, vgl. W. G. *Becker*, a.a.O., S. 493.

3. Zur Methodik des typologischen Rechtsdenkens

Die typologische Methode läßt sich auch im Bereich des „statute law" nicht verleugnen. Gesetzliche Tatbestände sind weitgehend nicht begrifflich fixierte abstrakte Normen, sondern Typenbeschreibungen[68], bei deren Anwendung zu dem sehr bald die Präjudizien zur eigentlichen Rechtsquelle werden und auch dann herangezogen werden, wenn sie nur das wiedergeben, was ausdrücklich im Gesetz steht[69]. Auch die in den USA feststellbare, in den „restatements" zum Ausdruck kommende Tendenz zur Rationalisierung des Common Law[70] hat bisher keine grundsätzliche Abkehr von diesem Denkstil gebracht: die hier verwendeten Begriffe repräsentieren nicht ein axiomatisches System, sie haben keinen dogmatischen Ableitungswert, sondern bezeichnen nur „complex bundles" historischer Problemlösungen[71], d. h. sie bleiben Typenbezeichnungen.

Weiterhin muß auch die unserem juristischen Denken gegenüber weitaus stärkere Betonung der Tradition[72] mit dem Messen am vorgegebenen Typenmuster in Zusammenhang gesehen werden, wobei allerdings die Frage nach dem Verhältnis von Ursache und Wirkung hier ebenso offenbleiben muß, wie die nach der Ursache der in Rede stehenden Verschiedenheit überhaupt, bei der vielleicht nicht nur die vielfach hervorgehobene, aller Abstraktion gegenüber skeptische Nüchternheit angelsächsischer Wesensart[73] sondern auch das Laienelement in der Rechtsanwendung, das „jury system", eine Rolle spielen mag[74].

Mit der Hervorhebung der typologischen Struktur des anglo-amerikanischen Rechtsdenkens rückt die insbesondere durch die Arbeiten Vieh-

---

[68] Ähnlich *De Boor*, Die Methode des englischen Rechts, S. 27 ff.
[69] *De Boor*, a.a.O., S. 23; Allen, Law in the Making, S. 162: „An English statute is not very old before it ceases to be a dry generalization and is seen through the medium of a number of concrete examples." Vgl. zur Haltung des anglo-amerikanischen Juristen zum Statute Law etwa *Allen*, a.a.O., S. 456 ff., 484 ff.; Roscoe *Pound* in: 21 Harv. L. R., S. 383 ff., 385 ff., (1908): „He can hardly conceive that a rule of statutory origin may be treated as a permanent part of the general body of law." Vgl. ferner *Radbruch*, a.a.O., S. 33 f.; *Esser*, a.a.O., S. 129 ff., 183 N. 183 a.
[70] Vgl. zum Vorgang der Annäherung des anglo-amerikanischen Rechts an die kontinentalen Systeme auch Rheinstein, Die Struktur des vertraglichen Schuldverhältnisses im anglo-amerikanischen Recht, S. 248.
[71] *Esser*, a.a.O., S. 198, im Anschluß an Cardozo, The Nature of the Judicial Process, S. 64.
[72] *Radbruch*, a.a.O., S. 11; *De Boor*, S. 28.
[73] Vgl. z. B. B. Herbert *Hoover*, The Challenge to Liberty S. 34: „The American people are slow to move by an abstraction."; und *Konstam*, J., Note in: 60 Law Qu. Rev., S. 232 (1944): „We have in England a deep distrust of logical reasoning; and it is for the most part wellfounded. Fortunately our judge-made law has seldom deviated into that path; but on some of the rare occasions when it has done so the results have been disastrous."
[74] Vgl. dazu Roscoe *Pound* in: 8 Col. L. R., S. 605, 606 f. (1908), sowie *Kaplan* in: Talks on American Law (Berman ed.), S. 44 ff., 53.

wegs[75] und Essers[76] dargelegte Unterscheidung zwischen system- und problemgebundener Denkweise in den Blick, mit der zugleich der Unterschied zwischen kontinental-europäischer und anglo-amerikanischer Methode bezeichnet wird[77].

Der hier dargelegte Gegensatz von begrifflich abstraktem und typologischem Denken ist dieser Unterscheidung kongruent: Systematisches Rechtsdenken ist notwendig Denken in begrifflich abstrakt fixierten Normen, während andererseits das problemgebundene Verfahren, das topische Denken zumindest im Bereich der Jurisprudenz vielfach typologische Struktur aufweist. Die bei der Zuordnung zum Typus vorgegebenen Typenmuster sind Topoi, Leitgesichtspunkte für die immer von neuem aufgegebene Lösung des Problems, das in der jeweiligen Situation richtige Verhalten zu treffen[78]. Sie haben — wie alle Topoi und Topoikataloge überhaupt[79] — vor allem die Funktion, ein bestimmtes Verständnis festzulegen und aufzubauen — ohne sie blieben insbesondere die Wertbegriffe und also die hier in Rede stehenden Standards inhaltlose Leerformeln.

Die Bindung an das Problem wird beim Denken in Typen niemals durchbrochen. Erst durch die Fixierung vorgegebener Typenmuster zu Begriffen wird die Bildung eines Systems und schließlich dessen Vorrang ermöglicht. Zunächst geschieht die Auswahl der passenden Leitbilder immer vom Problem, d. h. vom konkreten Sachverhalt aus, den es in die vorgegebenen Typenzusammenhänge einzuordnen gilt. Anders als bei der Subsumtion bleibt aber auch der nächste Schritt, die Zuordnung zum Typus, ihrer Struktur nach topisch. Während im begrifflichen Denken wenigstens die Subsumtion unter den im Wege topischen Denkens gegebenenfalls interpretierten, d. h. „richtig" definierten Begriffsinhalt mit logischer Stringenz geschieht und damit exakt nachprüfbar ist, ist auch der Vorgang der Typeninklusion selbst kein zwingendes logisches Schlußverfahren[80]. Durch Typeninklusion wird nur die Ähnlichkeit zwischen zur Beurteilung stehendem Sachverhalt und Typenmuster festgestellt, sie ist ein Analogieverfahren, bei dem also nur mit den Schlüssen argumentum a simili und e contrario gearbeitet werden

---

[75] Bes. Topik und Jurisprudenz, dazu *Coing* in ARSP 41, S. 436 ff, 1955; *Viehweg* in: Studium Generale Bd. XI, 1958, S. 334, 336; ders. in Festschr. f. C. A. Emge, S. 114.

[76] Bes. Grundsatz und Norm, passim; ders. in Studium Generale 1954 S. 372 ff.; Studium Generale 1959, S. 97 ff; auch Wieacker, Gesetz und Richterkunst, passim; ders., Zur rechtstheoretischen Präzisierung des § 242 BGB.

[77] *Esser*, Grundsatz und Norm, passim; *Viehweg*, Topik und Jurisprudenz, S. 29, 63.

[78] Zu den Exempla als Topoi auch *Viehweg*, a.a.O., S. 19, 29.

[79] *Viehweg*, a.a.O., S. 23.

[80] s. o. S. 56 ff.

3. Zur Methodik des typologischen Rechtsdenkens

kann, die topischer Natur sind[81]. Auch für die Typenzuordnung selbst kann daher nur meinungsmäßige Evidenz beansprucht werden, sie bleibt diskutierbar. Anders als im begrifflichen Denken, wo wenigstens nach der Fixierung eindeutig definierter Begriffsinhalte die Topik verabschiedet ist, da bei der Subsumtion die Frage, ob die begrifflich fixierte Regel wirklich die angemessene Problemlösung bietet, nicht mehr gestellt wird, sofern nur die partielle Merkmalsidentität feststeht, bleibt das typologische Denken also in jeder Phase ein topisches Verfahren. Logisch zwingend geschieht weder die Konstituierung des Sachverhalts, d. h. die Scheidung der für die juristische Beurteilung überhaupt relevanten von den irrelevanten Merkmalen[82], noch andererseits die Auswahl der zur Orientierung in Betracht kommenden Typenmuster, noch schließlich der Vorgang der Typenzuordnung selbst.

Im Verhältnis zum begrifflichen Denken ist weiter hervorzuheben, daß das typologische Verfahren — wie oben dargelegt — eine Vorstufe des begrifflichen Denkens ist, wie auch sonst die Topik notwendig der systematischen Denkweise vorgeschaltet ist[83].

Versucht man die typologische Methode zumindest im Umriß gegenüber anderen topischen Denkweisen abzugrenzen, so kann man sie als eine untere Stufe der Topik bezeichnen[84]. Die hier verwendeten Topoi reichen über die Ebene real vorgegebener Leitbilder noch nicht endgültig in den Bereich abstrahierter Leitsätze hinaus[85]. Zwar sind die Übergänge fließend, doch kann auf den Rückgriff auf das reale Typenmuster, den konkreten Fall, nicht verzichtet werden. Damit ist das typologische Verfahren vor allem dort die geeignete Methode der Problemlösung,

---

[81] *Viehweg*, a.a.O., S. 22; Zur topischen Natur der Distinktion, die bekanntlich im anglo-amerikanischen Rechtsdenken von überragender Bedeutung ist (vgl. dazu *Allen*, Law in the Making, S. 187, 282, 342), vgl. Viehweg, S. 44.
[82] Vgl. dazu *Viehweg*, a.a.O., S. 60 f.
[83] *Viehweg*, S. 54.
[84] Diese Klassifizierung überschneidet sich mit derjenigen Viehwegs, S. 18, der danach differenziert, ob in verhältnismäßig zufälliger Auswahl beliebige Gesichtspunkte aufgegriffen oder ob festgelegte Topoikataloge benutzt werden. Das typologische Verfahren hat es nicht notwendig mit fixierten Katalogen von Typenmustern zu tun, wird aber zur Erreichung dieses Zustandes streben, im Bereich der Jurisprudenz also danach, Fallsammlungen früher gelöster Probleme zu verwenden.
[85] Durch diese beiden Ebenen können zumindest im Umriß die beiderseits topischen Denkweisen des römischen und des anglo-amerikanischen Rechtsdenkens unterschieden werden. Während das römische Rechtsdenken eher geneigt ist, aus dem Musterbeispiel allgemeine Leitsätze zu abstrahieren, hält das anglo-amerikanische den Einzelfall in seiner konkreten Fülle fest und verwendet ihn als Typenmuster, vgl. auch *Viehweg*, a.a.O., S. 29 zum römischen Recht bes. Fritz *Schulz*, Principles of Roman Law, S. 40 ff. Während die Topoikataloge im römischen Recht daher in Gestalt von Regulaesammlungen verwendet werden, sind es im anglo-amerikanischen Recht Fallsammlungen, s. *Viehweg*, a.a.O., S. 34, *Esser*, a.a.O., S. 194.

wo Verhalten zu bewerten ist, wo es also auf die jeweilige Situation ankommt, denn wegen der Fülle möglicher Konstellationen ist das in diesem Bereich für die Problemlösung relevante Wissen in besonders geringem Maße abstrahierbar. Daher kann auch im weitgehend begrifflich fixierten Rechtssystem nicht auf Standards verzichtet werden. Gegenüber anderen topischen Denkweisen verbürgt die typologische Methode andererseits einen hohen Grad der Stetigkeit. Das typologische Verfahren ist ein kontinuierlicher Integrationsprozeß, bei dem zur Beurteilung des zur Entscheidung stehenden konkreten Sachverhalts nicht wahlweise vorgegebene oder erfundene Topoi herangezogen werden, sondern der Einzelfall in den Zusammenhang vorgegebener Sachverhaltstypen, der den mit der relativen Konstanz der Probleme sich ergebenden Problemzusammenhang wiederspiegelt, eingeordnet und nunmehr selbst Leitbild für folgende Problembehandlungen wird. Auf diese Weise wird weitgehend die Vereinbarkeit der verschiedenen Lösungen erreicht. Das typologische Verfahren wird daher in besonderem Maße der Ordnungsfunktion des Rechts gerecht.

Wie bei jedem topischen Verfahren ist auch bei der typologischen Methode die Autorität des Beurteilers von wesentlicher Bedeutung. Daß hier im Gegensatz zu anderen topischen Verfahren die dominierende Rolle nicht dem Rechtsgelehrten, sondern dem Richter zufallen muß, liegt auf der Hand: Ihm obliegt der „gradual process of inclusion and exclusion", die Aufgabe, immer von neuem konkrete Sachverhalte am Typenmuster zu messen. Das Phänomen rechtlicher Standards ist ohne Richterspruch nicht denkbar. Die „rechtsschöpferische Natur" des Richterrechts ist denn auch für diesen Bereich am ehesten und unangefochtensten anerkannt worden[86], wobei freilich nach wie vor Streit darüber besteht, ob dieses Richterrecht als selbständige Rechtsquelle neben dem Gesetzesrecht anzuerkennen sei[87] oder als bloße Gesetzesanwendung nur „persuasive Kraft" habe[88].

---

[86] Zuerst bekanntlich *Bülow*, Gesetz und Richteramt, 1885; für die weitere Entwicklung vgl. die Darstellung von *Less*, a.a.O., S. 14 ff.; *Esser* in JZ 53, S. 521 ff. sowie *Larenz*, Methodenlehre, S. 276 ff., dortselbst S. 278 auch Nachweise aus der neueren Rechtsprechung.
[87] So etwa *Radbruch*, Einführung in die Rechtswissenschaft, S. 48; *Germann* in: Hundert Jahre Schweizerisches Recht, S. 99 ff., 119; RGRK — Denecke Bd. I, Teil 1, Einl., Anm. 10; W. G. *Becker* in Festschr. f. H. Lehmann 1956, S. 70 ff., 79; *Engisch*, Die Einheit der Rechtsordnung, S. 7 f.; *Wieacker*, Privatrechtsgeschichte der Neuzeit, S. 306 ff.; *Schwinge*, a.a.O., S. 128; für die Wiener Schule z. B. *Merkl*, Allgemeines Verwaltungsrecht, S. 8; nicht ganz eindeutig: *Less*, a.a.O., S. 26.
[88] *Enneccerus-Nipperdey*, Allgemeiner Teil des BGB, 1. Halbb. S. 274 u. 344; *Lehmann*, Allgem. Teil d. BGB, S. 22 f.; *Mezger*, in: Festgabe für Heck, Rümelin und Schmidt, S. 19 f. In Analogie zu diesen kontinentalen Stimmen behauptet bezeichnenderweise *Gray*, a.a.O., S. 84, 121 ff., für das anglo-amerikanische Recht, daß in Wahrheit alles Recht Richterrecht sei. Dagegen zutreffend *Kelsen*, General Theory of Law and State, S. 150 ff.

3. Zur Methodik des typologischen Rechtsdenkens

In Wahrheit ist dieser Gegensatz zwischen Rechtsanwendung und Rechtsschaffung[89], zwischen legalistischer und dezisionistischer Rechtsquelle — ebenso wie die oben kritisierte Gegenüberstellung von Delegations- und Rezeptionsnormen — nur ein scheinbarer: Zwischen Freiheit und Gebundenheit des Richters gibt es keine unüberbrückbare Kluft, der Richter ist immer gebunden[90], auch wo er selbst bindet[91]. Dies gilt insbesondere auch für die „Ausfüllung" der Standardnormen, die einen durch richterliche Entscheidung bewerkstelligten Integrationsprozeß darstellt. Die sogenannte „freie richterliche Rechtsfindung" im Bereich der Standards und der übrigen Wertbegriffe ist ihrer logischen Struktur nach ein typologisches Verfahren.

Zunächst ergibt sich bereits aus der Ordnungsfunktion des Rechts, daß der Richter die sich ihm aus der Fülle aller Lebensvorgänge aufdrängenden, zur rechtlichen Beurteilung anstehenden konkreten Lebenssachverhalte — anders als der Historiker die Gegenstände seiner Beurteilung und anders auch als der Verwaltungsbeamte bei der Entscheidung darüber, was im konkreten Falle zu tun sei — nicht als Individuen betrachten kann. Der konkrete Rechtsstreit zwischen den konkreten Parteien A und B, die Straftat des C oder ein bestimmter Verwaltungsakt sind zwar in ihrer intensiven Mannigfaltigkeit einzigartige, unwiederholbare Merkmalskomplexe. Aber sie interessieren die juristische Betrachtung nicht wegen ihrer Einzigartigkeit. Das In-dividuelle daran — etwa die exakten Bestimmungen der Zeit und des Ortes oder die Identität der Personen, die die Einzigartigkeit dieser Vorgänge begründen könnten — sind für die juristische Beurteilung ohne Belang. Eine an die Individualität des Sachverhalts geknüpfte Entscheidung — etwa gar an die mit ihrer Einzigartigkeit verbundene Bedeutung der beteiligten

---

[89] Zur bequemen Mehrdeutigkeit des Ausdrucks „Rechtsschöpfung" vgl. *Less*, S. 19.

[90] Und zwar materiell, nicht bloß formell etwa im Sinne der Kelsenschen Stufenlehre, vgl. z. B. Reine Rechtslehre, S. 228 ff., 249 f. und General Theory, S. 151 f.

[91] Vgl. vor allem *Esser*, Grundsatz und Norm, S. 283 f.; ders. Einführung in die Grundbegriffe des Rechtes und Staates, S. 185; ders. in: Rabels Z., Bd. XVIII, 1953, S. 167 ff., 168, 172; sowie *Zweigert* in: Studium Generale, Bd. VII, 1954, S. 380 ff., 385 gegen die „Mär" der „freien Schöpfung" des Richters. Dagegen spricht *Radbruch*, Der Geist des englischen Rechts, S. 39 — im Anschluß an Sir Henry Sumner Maine — von der Illusion und dem Vorwand des Richters, gebunden zu sein, auch wo er selbst erst bindet. Vgl. dazu, daß diese „Fiktion" auch für das Case Law nicht ohne Wahrheitsgehalt und die Frage: „Do judges make or discover law?" schief gestellt ist: *Esser*, a.a.O. Dazu auch die dort zitierte Formulierung Chafees: „Therefore it is legitimate to reconcile the two sides of the century-old controversy by saying that the judges make law out of what they discover." Zur Überwindung dieses durch die Namen Blackstones und Austins gekennzeichneten Gegensatzes auch *Cardozo*, The Growth of the Law, S. 53 ff. und *Fuller* in: 59 Harv. L. R., 1946. S. 376 ff., bes. S. 391 ff.

Personen — ist jedenfalls kein Judiz, kein Akt der Rechtsfindung, sondern allenfalls administrative Maßnahme. Für die juristische Beurteilung sind die ihren Gegenstand bildenden konkreten Lebenssachverhalte nicht Individuen, sondern Typen: Ihre Bedeutung ist grundsätzlich von ihrer empirischen Einzigartigkeit losgelöst. Zwar ist die Bestimmung der Rechtsfolge für den konkreten Fall das Ziel der rechtlichen Beurteilung. Da das Individuelle dabei außer Betracht zu bleiben hat, wird durch die juristische Entscheidung ihrer Struktur nach nicht bloß für ein einzelnes konkretes Individuum ein Sollen bestimmt, sondern einem Typus eine Rechtsfolge zugeordnet.

Diese These von der typologischen Struktur der Rechtsfindung steht im Einklang mit der vielfach hervorgehobenen Unterscheidung „freier" richterlicher Urteilstätigkeit im Rahmen von Gesetzeslücken und „Blanketten", einmal von bloßer Kadijustiz im Sinne kasuistischer Einzelfallregelung aufgrund des irrationalen Rechtsgefühls, zum anderen von der zweckrationalen Ausübung administrativen Handlungsermessens.

Die Abgrenzung von der bloß kasuistischen Methode, bei der es also allein um eine jeweils dem Rechtsgefühl entsprechende, ad hoc zu treffende Einzelfallregelung ginge, tritt vor allem zutage in dem insbesondere in der schweizerischen Literatur zum Lückenproblem — im Anschluß an Art. 1 Abs. II ZGB — erhobenen Postulat der „Regelbildung". Da diese Vorschrift den Richter anweist, den ihm vorgelegten Fall auch bei Schweigen des Gesetzes nach einer Regel zu entscheiden, die er selber wie ein Gesetzgeber aufzustellen hat, ist es nach dieser Lehre nicht Aufgabe des Richterspruchs, nur dem individuellen Geschehen in seiner konkreten Einmaligkeit gerecht zu werden. Vielmehr hat der Richter von den unwesentlichen Besonderheiten des ihm vorgelegten Falles abzusehen und erst für den generalisierten und abstrahierten Tatbestand eine Norm zu schaffen. Er hat den gerade vorliegenden Fall so zu entscheiden, wie er es für alle solche Fälle für richtig halten würde[92]. Dieses Postulat der „Erhebung des konkreten Sachverhalts ins Typisch-Allgemeine"[93], der Generalisierungsfähigkeit der richterlichen Entscheidung, ist als allgemeines, von der positiven Normierung des Art. 1 Abs. II ZGB unabhängig gültiges Prinzip anzusehen und als solches weithin anerkannt worden[94]. Das Recht wird nicht verwirklicht

---

[92] Vgl. insbes. *Meier-Hayoz*, Der Richter als Gesetzgeber, passim, bes. S. 76 ff., 96 ff., 252; *Germann*, Methodische Grundfragen, S. 41, 105; *Huber-Mutzner*, System und Geschichte des Schweizerischen Privatrechts, Bd. I, S. 191; *Rossel-Mentha*, Manuel du Droit civil Suisse, Bd. I, S. 61.
[93] Formulierung nach *Meier-Hayoz*, a.a.O., S. 96.
[94] Vgl. z. B. *Bartholomeyczik*, Die Kunst der Gesetzesauslegung, S. 119; *Boehmer*, Grundlagen der bürgerlichen Rechtsordnung, Bd. II, 1, S. 175, *Zitelmann*, a.a.O., S. 47; RGZ Bd. 106, S. 272; 115, S. 16. Der Grundsatz des Artikel 1, Abs. II ZGB kann insbes. als Bestandteil der Interessenjurisprudenz

3. Zur Methodik des typologischen Rechtsdenkens

in isolierten, den jeweiligen Individualfall ad hoc regelnden Einzelentscheidungen, vielmehr erfordern Gerechtigkeit und Rechtssicherheit, daß es gelte als eine für alle gleichen Fälle gleichermaßen gültige Ordnung[95].

Der Vorgang der Regelbildung stellt sich seiner logischen Struktur nach dar als das Ablösen eines Typus aus der unendlichen intensiven Mannigfaltigkeit des zur Entscheidung stehenden Lebensvorganges. Der Richter, der nicht bloß nach Willkür und Laune entscheiden will, hat aus dem Sachverhalt die für seine Entscheidung relevanten Elemente sich zu vergegenwärtigen und von den irrelevanten zu scheiden[96]. Mit dem Ablösen des Bedeutsamen ist aber dem Gebot der Generalisierungsfähigkeit noch nicht notwendig Genüge getan. Konkrete, im Sein vorfindbare Sachverhalte können, wie oben im Anschluß an Rickert dargelegt wurde[97], überhaupt nur als Komplexe von als bedeutsam sich aufdrängenden Merkmalen Gegenstand logischen Denkens sein, so daß der Inbegriff der vom Richter als relevant erkannten Sachverhaltselemente nicht notwendig ein relativ genereller Obersatz zu sein braucht: es kann sich auch um ein Individuum handeln[98]. Diese Feststellung wird verdeutlicht, wenn man bedenkt, daß etwa auch der nur nach Zweckmäßigkeitserwägungen handelnde Verwaltungsbeamte aus dem Sachverhalt, den er ad hoc zu entscheiden hat, die für seinen Zweck relevanten Elemente von den irrelevanten unterscheiden wird. Eine Regelbildung nimmt er damit nicht vor: Er will nur für den einen, individuellen Fall bestimmen, was zweckmäßigerweise zu tun sei. Von dessen Individualität will und kann er nicht absehen, denn der — bis auf die Determinanten der Zeit und des Ortes — genau gleiche Sachverhalt mag, wenn er später wiederum zur Entscheidung steht, zweckmäßigerweise eine andere Regelung erfordern. Wesentlich bei dem Vorgang der Regelbildung ist demnach nicht die Unterscheidung der relevanten von den irrelevanten Elementen des Sachverhalts, sondern das Absehen von seiner Individualität. Der Komplex der für die Entscheidung wesent-

---

angesehen werden, s. Max *Rümelin*, Der Vorentwurf des Schweizerischen Zivilgesetzbuchs und seine Bedeutung für uns, passim; *Heck*, Gesetzesauslegung und Interessenjurisprudenz, AcP, Bd. 112, 1914, S. 21 f.; *Stoll* in: Festgabe f. Heck, Rümelin u. Schmidt, S. 60, 72 ff.; ebenso der Lehre der „Libre recherche scientifique" vgl. *Geny*, Méthode d'interprétation et sources en Droit privé positif, S. 3 ff. Aus der amerikanischen Literatur kann wohl die Forderung Wechslers nach „principled decisions", Principles, Politics and Fundamental Law, S. 3 ff., als Postulat der Anerkennung des Grundsatzes des Art. 1, II ZGB gewertet werden. Vgl. dazu aber u. S. 108 Anm. 190.

[95] *Sauer* in: Reichsgerichtsfestgabe, Bd. I, S. 122 ff., 123; ders. Juristische Methodenlehre, S. 302 f.; ders. in: JR, 1949, S. 129, 131 f.

[96] So *Heck*, a.a.O., S. 89 gegen die Freirechtsschule: *Ehrlich*, a.a.O., S. 138 u. *Spiegel*, Gesetz und Recht, S. 119.

[97] o. S. 34.

[98] Insofern sind daher die Ausführungen *Hecks*, a.a.O., korrekturbedürftig.

lichen Bestimmungen muß seiner logischen Struktur nach ein Typus sein, d. h. die Bestimmungen der Zeit und des Ortes, die Identität der beteiligten Personen, die seine logische oder empirische Einzigartigkeit begründen könnten und damit auch die Anzahl seines faktischen Vorkommens, dürfen für die Entscheidung keine Bedeutung haben.

Andererseits führt der Vorgang der Regelbildung über die Erhebung des konkreten Sachverhalts zum Typus nicht hinaus. Anhand des einzelnen zur Entscheidung stehenden Lebensvorganges kann der Richter noch keine begrifflich fixierte Rechtsnorm aufstellen[99]. Hierzu wäre — wie sich aus dem oben dargestellten Unterschied der logischen Strukturen von Typus und Begriff ergibt — die exakte Abgrenzung von allen nicht kongruenten, eine andere Regelung erfordernden Fällen notwendig, die insbesondere die Aufnahme negativer Tatbestandselemente in die Regel erfordern würde. Der Richter *beschreibt* nur den aus dem konkreten Sachverhalt herausgelösten Komplex von Bestimmungen, an dessen Vorliegen er eine bestimmte Rechtsfolge knüpft, er *definiert* ihn nicht. Die von ihm aufgestellte Regel gilt nur unter dem Vorbehalt von Ausnahmen, die sich durch das Hinzutreten weiterer, für die juristische Beurteilung relevanter Umstände ergeben können[100]. Richterliche Normen im Sinne begrifflich-tatbestandsmäßig fixierter Rechtsregeln können erst anhand einer Vielzahl entschiedener Fälle aufgestellt werden. Vorschnelle Generalisierungen (zu denen im übrigen die im begrifflichen Denken geschulte kontinental-europäische Jurisprudenz eher neigen wird als die grundsätzlich typologisch verfahrende anglo-amerikanische[101]) bedeuten eher eine Gefahr als einen Gewinn[102].

Ist sonach die Rechtsfindung außerhalb des Bereichs der Rechtsanwendung im Sinne der Subsumtion unter tatbestandsmäßig fixierte Rechtsregeln ihrer logischen Struktur nach die Verknüpfung eines Typus mit einer Rechtsfolge, so ergibt sich aus der Ordnungsfunktion des Rechts weiter, daß für diese Verknüpfung der Anspruch zu erheben ist, die einzig richtige zu sein. Die Verbindung des gleichen Typus mit einer abweichenden Rechtsfolge aus Anlaß der Beurteilung eines weiteren Typenrepräsentanten, d. h. eines Sachverhalts, aus dessen intensiver Mannigfaltigkeit die gleichen Merkmale für die rechtliche Betrachtung bedeutsam sind, kann nur unter der zumindest stillschweigenden Behauptung erfolgen, daß die frühere Entscheidung unrichtig gewesen sei. Dem gleichen Sachverhaltstypus jeweils verschiedene

---

[99] Vgl. auch *Heck*, a.a.O., S. 182.
[100] Richterliche Normen sind daher nur „Generalisierungsversuche provisorischen Charakters", *Wehli* in: Festschr. f. Adolf Wach, Bd. I, S. 405, 433; ebenso im Anschluß an Wehli auch *Schwinge*, a.a.O., S. 128 f.
[101] Vgl. unten S. 91 f.
[102] S. auch *Wehli*, a.a.O.

3. Zur Methodik des typologischen Rechtsdenkens 89

Rechtsfolgen alternativ als „gleich richtig" zuzuordnen — womit die Einordnung des konkreten, zur Entscheidung stehenden Sachverhalts in Typenzusammenhänge sinnlos wäre — würde der Ordnungsfunktion des Rechts widersprechen. Bei der Anwendung des Rechts als Beurteilungsmaßstab gibt es nicht verschiedene gleichermaßen richtige Entscheidungen des gleichen Falles, sondern nur eine richtige Lösung.

Die Entscheidungsfreiheit des Richters bei der Anwendung von Standards und anderen Wertbegriffen ist damit von dem — insbesondere administrativen — Handlungsermessen zu unterscheiden. Diese Unterscheidung hat ihren Grund in der doppelten Funktion des Rechts als Verhaltensmaxime und Urteilsmaßstab[103]. Soweit sie nicht aus unbedingten Geboten besteht, räumt die Rechtsordnung als Verhaltensrichtlinie dem Bürger, dem Verwaltungsbeamten, dem Gesetzgeber (durch die verfassungsrechtlichen Normen) und auch dem Richter — außerhalb der Spruchtätigkeit — in ihrer jeweiligen Situation eine Vielfalt verschiedener, vom Standpunkt des Rechts aus gleich richtiger Verhaltensmöglichkeiten ein, unter denen sie nach Belieben oder Zweckmäßigkeitsgesichtspunkten frei wählen können[104]. Auch nach vollzogener Wahl ist die getroffene Entscheidung nur eine neben anderen, in der gleichen Situation gleichermaßen richtigen Möglichkeiten. Tritt der gleiche Sachverhaltstypus erneut auf, so mag nunmehr ein anderes Verhalten gewählt werden, ohne daß es notwendig wird, diese Entscheidung gegenüber der früheren zu rechtfertigen mit der Behauptung, daß dieser Fall von den früheren verschieden — der gleiche Typus also nicht vorliege — oder die frühere Wahl unrichtig gewesen sei[105].

Ein so verstandenes Ermessen ist bei der Anwendung des Rechts als Beurteilungsmaßstab ausgeschlossen[106]. Zwar sind dem Richter in dem

---

[103] Vgl. dazu grundlegend: James *Goldschmidt*, Der Prozeß als Rechtslage, S. 227 ff.; ferner *Niese*, Doppelfunktionelle Prozeßhandlungen, S. 60 ff.; Eberhardt *Schmidt*, Lehrkommentar zur StPO und zum GVG, Bd. I, S. 36 ff.
[104] Dazu etwa *Esser*, Einführung, S. 138 ff.
[105] Daß es auch hier Bindungen durch Willkürverbot, Vertrauensschutz- und Gleichheitsgrundsatz gibt, soll nicht geleugnet werden, steht der hier in Rede stehenden grundsätzlichen Unterscheidung aber nicht entgegen.
[106] Vgl. insbes. *Bettermann* in: Gedächtnisschrift f. Walter Jellinek, S. 361, bes. 364 ff.; ferner etwa *Reuss* in DVBl, 1953, S. 585 ff., m. w. A.; *Flume* in Festschr. f. Smend, 1952, S. 59, 98 f.; *von Laun*, Das freie Ermessen und seine Grenzen, S. 47 ff.; ders. in Festschr. f. Zitelmann, bes. S. 10 ff., der zuerst richterliches und administratives Ermessen als „Gebundenes" und „Freies" einander gegenüberstellt; s. a. Otto *Mayer*, Deutsches Verwaltungsrecht, S. 98; *Tezner* in: Verwaltungsarchiv, Bd. 9, S. 515 ff., *Thoma* in: Verwaltungsarchiv, Bd. 20, S. 444. Dagegen *Forsthoff*, Verwaltungsrecht I, S. 75 N. 2; *Scheuner* in Verw. A., Bd. 33, S. 68, 69. Die Frage der treffendsten Terminologie kann hier dahingestellt bleiben. Sachlich ist festzustellen, daß die richterliche Entscheidungstätigkeit bei der Handhabung der Standards nicht einfach „auslegende Gesetzesanwendung" aber auch nicht echte Ermessensbetätigung (so *Forsthoff*, a.a.O., S. 78, nicht ganz eindeutig gegenüber S. 73 N. 2) ist, die der Richter

in Rede stehenden Bereich „freier" Rechtsfindung keine zwingend eindeutigen Entscheidungsmaßstäbe vorgegeben, sondern nur Typenmuster, die Orientierungsmöglichkeiten bieten, aber die Eigenwertung nicht völlig ausschließen. Notwendig enthält daher die richterliche Entscheidung in diesem Bereich immer zugleich volitive Elemente. Dennoch muß sie den Anspruch erheben, die einzig richtige Beurteilung zu sein und zwar nicht nur des individuellen Sachverhalts, sondern des aus diesem herausgelösten, für die Entscheidung relevanten Typus.

Erkennt man aber — wie weithin auch unsere herrschende Doktrin — einerseits den Anspruch der richterlichen Entscheidung auf alleinige Richtigkeit, zum anderen das Postulat der „Regelbildung" an, so folgt daraus mit Notwendigkeit das Phänomen der Selbstbindung der Judikative: Der einmal gefundene Richterspruch ist nunmehr — anders als der Verwaltungsakt — bindendes Leitbild für kommende Problemlösungen, ein Orientierungspunkt, dessen Verbindlichkeit nur mit dem Einwand der Unrichtigkeit geleugnet werden kann. Daraus ergibt sich für die Rechtsprechung ein Zwang zur Integration: richterliche Entscheidungen stehen nicht isoliert nebeneinander[107], sondern sie sind integriert in einen durch die Sachgesetzlichkeit der Probleme gegebenen Typenzusammenhang. Diese „Autolimatation" ist unabhängig von jeder Institutionalisierung der Präjudizienbindung mit der Struktur der richterlichen Entscheidung notwendig gegeben. Sie läßt verständlich erscheinen, daß der praktische Unterschied zwischen anglo-amerikanischer und deutscher Richterrechtsbildung nach der Feststellung eines so hervorragenden Kenners wie Ernst Rabel „mit der Lupe gesucht werden" muß[108]. Die Selbstbindung bedeutet zwar noch nicht uneingeschränkte Präjudizienbindung im Sinne der anglo-amerikanischen stare-decisis-Doktrin, sondern nur das Gebot der Berücksichtigung früherer Entscheidungen, wobei der Einwand der Unrichtigkeit nicht ausgeschlossen ist. Dieser Einschränkung ist aber in Wahrheit auch die stare-decisis-Doktrin unterworfen, entweder uneingestanden mit Hilfe der Technik des „distinguishing"[109] oder — in dem hier besonders interessierenden

---

nur außerhalb der Spruchtätigkeit ausübt, wie die Lehre von Launs zu Recht betont. Vgl. dazu (insbes. zur Strafzumessung) auch noch *Engisch* in Mezger Festschr., S. 152 und *Schwinge*, a.a.O., S. 121; auch die Entscheidung nach der Billigkeit ist nicht echte Ermessensbetätigung, denn billig ist in jedem Fall jeweils nur eine einzige Entscheidung, *Bettermann*, a.a.O., S. 366 f.; Walter *Jellinek*, a.a.O., S. 54, 72; teilweise a. A. *Neumann-Duesberg*, in: JZ 1952, S. 705, 707.
[107] So aber *Forsthoff*, a.a.O., S. 6, dagegen zutreffend *Flume*, a.a.O., und *Esser*, Grundsatz und Norm, S. 284: „Die Kasuistik ist nicht dezisionistischer Pointillismus."
[108] In: Z. f. Ausländ. u. Internat. Priv. R. (Rabels Z.) Bd. 16, 1951, S. 340 ff., 345; vgl. auch *Less*, a.a.O., S. 64 f., *Sauer* in: JR 49, S. 129 f.
[109] Vgl. dazu *Allen* a.a.O.; ders. in: 41 LQR (1925), S. 330, 334 u. — insbes. zur Methodik des House of Lords — *Radin* in: 32 Corn. L. Q. (1946), S. 137 ff.

3. Zur Methodik des typologischen Rechtsdenkens 91

Bereich der verfassungsrechtlichen Praxis des amerikanischen Supreme Court — offen durch die Möglichkeit des „overruling"[110].

Daß das Prinzip der Selbstbindung ebenso in der Praxis der „ständigen Rechtsprechung" unserer Gerichte seinen Ausdruck findet, bedarf keiner näheren Darlegung. Der Unterschied in der Handhabung der Standards und der übrigen Wertbegriffe durch die Gerichte im anglo-amerikanischen und in unserem Rechtskreis ist danach mehr eine Stildifferenz: das grundsätzlich begriffslogisch verfahrende richterliche Rechtsdenken unseres Rechtskreises wird eher zu vorschneller Generalisierung und Kristallisierung zu tatbestandlich fixierten, im Wege des syllogistischen Schlußverfahrens anwendbaren allgemeinen Rechtsregeln neigen. Symptome dieser Tendenz sind vor allem die „allzu bequemen" Leitsätze unserer amtlichen Urteilsveröffentlichungen[111], sowie die mehr und mehr in Mode kommenden „Grundsatzentscheidungen", in denen nicht der in vorangegangenen Entscheidungen angehäufte Stoff zur allgemeinen Regel zusammengefaßt, sondern der Versuch unternommen wird, im voraus vom Einzelfall her generelles Recht festzulegen[112]. Der im „reasoning from case to case" erfahrenere, grundsätzlich typologisch denkende anglo-amerikanische Richter verfährt vorsichtiger, hält länger an der typologischen Struktur der Standards und der übrigen Wertbegriffe fest. Er vermeidet damit die mit jeder Verkrustung notwendig gegebene Gefahr von Brüchen in der Entwicklung und erreicht dadurch ein höheres Maß der Sicherheit: „The judge is slow to accept any general doctrines or to lay down any rules as final. Each new state of facts brings a new element into the law, and the old results are to be considered in view of this new element. The principles extracted from the old cases are always being re-examined in the light of new facts[113]."

Dieses vorsichtig tastende Vorgehen dürfte insbesondere bei der Handhabung der Standards der geeignetere Stil sein. Zwar bietet das typologische Verfahren, wie alles topische Denken überhaupt, grundsätzlich die Möglichkeit zur Bildung begrifflich-abstrakt fixierter Regeln. Hiervon macht auch das anglo-amerikanische Rechtsdenken Gebrauch, die Standards sind dort, da ein axiomatisches System juristischer Begriffe fehlt, von zentraler Bedeutung für die Normbildung,

---

[110] S. vor allem *Douglas*, a.a.O.
[111] Dazu kritisch *Wieacker*, a.a.O., S. 16.
[112] Kritisch *Esser*, a.a.O., S. 241, 267 f.
[113] *Gray*, a.a.O., S. 272; dazu etwa auch *MacMillan* in: Recueil Lambert, Bd. II, S. 3 ff.; *De Boor*, S. 12 f. Zur Bedeutung der dissenting opinions in diesem Zusammenhang: *Frankfurter-Landeis* in: 42 Harv. L. R. (1928), S. 15: „Dissents prevent undue or premature generalizations of specific instances into rigid doctrine." Ähnlich auch *Corwin* in: 7 Mich. L. R. (1909), S. 643 ff., 670 und *Douglas* in: 32 Am. Jud. Soc. R. (1948), S. 104 ff.

wobei die Tendenz zu dogmatischer Verfestigung sogar im Zunehmen begriffen ist[114]. Aber diesem Prozeß der Abstrahierung und Fixierung ist ein spezifisches, durch den jeweiligen Problemzusammenhang bestimmtes Maß gesetzt[115]. Sowohl die Abstraktionshöhe, d. h. die Maschenweite des Begriffsnetzes, als die Geschwindigkeit und Dauer der Fixierungsmöglichkeit sind abhängig von der Struktur des Problemzusammenhanges, aus dem die der Begriffsbildung vorgegebenen Typen stammen. Für den Bereich der Standards, deren Gegenstand soziales Verhalten in vielfältigen, konkreten, auch in ihrem Häufigkeitstypus dauernder Wandlung unterworfenen Situationen ist, läßt sich jedenfalls die Aussage treffen, daß die Höhe möglicher Abstraktionen und die Geschwindigkeit und Dauer möglicher Fixierungen relativ gering sein werden. Das Wissen von dem in gegebenen Situationen „normalen" Verhalten ist in geringerem Maße abstrahierbar als solche Vorstellungsinhalte, die die Bewertung von Gegenständen und Zuständen zum Inhalt haben. In diesem Bereich wird daher der vorsichtige, gegen jeden Schematismus skeptische Denkstil des anglo-amerikanischen Richters dem Gegenstand eher gerecht.

Festzuhalten ist aber, daß trotz dieses Stilunterschiedes das typologische Verfahren und damit insbesondere das Denken in Standards in unserem Rechtskreis ebenso möglich ist wie im anglo-amerikanischen. Der Einwand jedenfalls, daß es an einer Institutionalisierung der Präjudizienbildung fehle, ist nicht stichhaltig, denn die erforderliche Selbstbindung der Judikative ist unabhängig von aller offiziellen Doktrin auch hier gegeben, sie folgt aus der Ordnungsfunktion des Rechts selbst. Insbesondere die Entwicklung der zivilrechtlichen Standards ist zudem empirischer Beweis dafür, daß das typologische Verfahren auch in unserem Rechtssystem nicht nur möglich, sondern zugleich von hervorragender Bedeutung ist. Bei der hier versuchten Darstellung der Struktur des Standarddenkens kann es daher auch nicht um die Entwicklung einer Theorie gehen, die sich in einem anderen Rechtskreis in praxi bewährt hat, sondern um die Aufhellung eines auch in unserem Rechtssystem in Wahrheit immer — wenn auch auf Teilbereiche beschränkt — geübten Verfahrens.

4. Die Besonderheiten des Standarddenkens

Nachdem oben die Standards im äußeren Umriß von den übrigen, nicht auf Normalverhalten bezüglichen Wertbegriffen unterschieden wurden, ist nunmehr den dieser Differenzierung zugrundeliegenden sachlichen Besonderheiten nachzugehen.

---

[114] *Esser*, a.a.O., 97 f., 224 f.
[115] Ähnlich *Esser*, a.a.O., S. 58 f.

4. Die Besonderheiten des Standarddenkens

Als Normalverhaltenstypen stehen die Standards in einer spezifischen Relation zur sozialen vorrechtlichen bzw. — sofern sie der Ebene des Verfassungsrechts angehören — zur unterverfassungsrechtlichen Realität. Da das für einen bestimmten Lebensbereich normale, erwartete Verhalten den Maßstab bildet, kann der Inhalt der Standardnormen nicht endgültig ohne Beziehungen zu den sozialen Gegebenheiten bestimmt werden, für die sie gelten sollen. Bei den Standards in der Ebene der einfachen Gesetze ist dies die vorrechtliche soziale Realität, bei den verfassungsrechtlichen Standards vor allem der unterverfassungsgesetzliche Normenkomplex. Anders als bei den übrigen Wertbegriffen, bei denen die Übereinstimmung zwischen rechtlicher und außerrechtlicher Bewertung — ebenso wie die zwischen außerrechtlicher und juristischer Begriffsbildung — nicht gefordert ist (die rechtliche Beurteilung dessen, was als „grausam", „hinterhältig", „schwachsinnig" usw. zu gelten habe, braucht mit der außerjuristischen, etwa auch medizinischen Einordnung nicht übereinzustimmen) ist die Identität zwischen rechtlichem Standard und sozialem Normalverhalten stets als Ziel aufgegeben. Während also bei den anderen Wertbegriffen das Verhältnis zwischen normativem und vorrechtlichem Typus nur terminologische Bedeutung hat, besteht zwischen Standardnorm und sozialem Normalverhaltenstypus die Beziehung zwischen Norm und Normgeltung. Der Integrationsvorgang der Konkretisierung der Standards ist damit von dem der übrigen Wertbegriffe verschieden. Als Typenmuster bieten sich bei den Standards der einfachen Gesetze nicht nur durch rechtlich autorisierte Wertung — der Rechtsprechung oder des Gesetzgebers, der Musterbeispiele ausdrücklich aufführt[116] oder Fragmente des gleichen Typus bereits in begrifflich fixierten Regeln kristallisiert hat — dem Standard schon zugeordnete Seinsgegebenheiten, sondern auch solche Verhaltensweisen, die außerjuristisch, nach der allgemeinen Verkehrsauffassung oder den Wertungen etwa eines bestimmten Berufskreises als normal angesehen werden. Anders als bei den übrigen Wertbegriffen ist bei den Standards auch die Berufung auf außerrechtliche Autoritäten — etwa die öffentliche Meinung, „das Anstandsgefühl aller billig und gerecht Denkenden"[117], die ausdrückliche Regelung in der fremden Rechtsordnung eines oder mehrerer Einzelstaaten des Bundesstaates oder sogar eines ausländischen Staates — legitimes Mittel der Konkretisierung. Dieser Vorgang stellt sich damit zugleich dar als ein Transformationsprozeß, bei dem rechtlich noch unerfaßte, in der sozialen Realität akzeptierte Anschauungen und Verhaltensweisen als auch von Rechts wegen „normal" aufgegriffen und in den rechtlichen

---

[116] Vgl. das von F. *von Hippel*, a.a.O., S. 183 angeführte Beispiel.
[117] Erstmals RGZ, Bd. 80, S. 221.

Standard integriet werden, womit sie nunmehr selbst in der Rechtssphäre akzeptierte und verbindliche Muster der Standardnorm bilden[118]. In der gleichen Weise wird der Gehalt der verfassungsrechtlichen Standards konkretisiert durch die sozialen Gegebenheiten, für die sie gelten. Der von Verfassungsrechts wegen akzeptierte reale Normaltypus des Verhaltens von Staatsorganen zueinander oder gegenüber dem Bürger, insbesondere des vom einfachen Gesetzgeber geschaffenen Normenkomplexes, bildet den Inhalt der verfassungsrechtlichen Standards.

Dies bedeutet keineswegs, daß die Standards nur getreues Spiegelbild der jeweils herrschenden Gegebenheiten, der aktuellen sozialen Ordnungen wären, so daß in ihrem Bereich die rechtliche Beurteilung in einer Art seismographischer Feststellung der aktuell vorherrschenden Auffassungen und Verhaltensweisen sich erschöpfte[119]. Vielmehr ergibt sich aus der Funktion der Standardnormen, daß zwischen rechtlichem Normalmaßstab und vorrechtlich-sozialem (bzw. unterverfassungsrechtlichem) Typus das Spannungsverhältnis zwischen Norm und Normgeltung stets aufrechterhalten bleibt: Der Standard ist zwar Realtypus, aber zugleich immer axiologischer Idealtypus. Standards haben Steuerungsfunktion, sie sind auf die stetige Abweisung des dem Maßstab nicht entsprechenden Verhaltens gerichtet[120], dem die rechtliche Wirksamkeit versagt oder dessen Rückgängigmachung angeordnet wird. Die hier in Betracht kommenden Rechtsfolgen sind Nichtigkeit und Vernichtbarkeit der nicht standardgemäßen Akte oder (und) Beseitigung bzw. Ausgleichung bereits eingetretener Folgen. Standards sind nicht auf die Gestaltung einer Ordnung gerichtet, sondern sie setzen eine solche als gegeben und von Rechts wegen akzeptiert voraus und wehren nur das in ihrem Rahmen nicht normale Verhalten ab.

Aus dieser Funktion erklärt sich einmal, daß auch im kodifizierten Rechtssystem nicht erst der Versuch unternommen wird, den Typus begrifflich-systematisch zu fixieren. Es kann grundsätzlich bei der bloß typologischen Gestaltung sein Bewenden haben, denn der genaue Gesamtinhalt des Standard ebenso wie der seines Gegentypus ist im Grunde irrelevant. Es kommt — abgesehen von der Unmöglichkeit einer solchen Fixierung — gar nicht darauf an, im einzelnen festzulegen,

---

[118] *Cardozo*, a.a.O., S. 53 spricht anschaulich von der Erteilung des „official imprimatur".
[119] Dagegen zu Recht *Wengler* in: NJW, 1959, S. 1705, 1707; ebenso *Esser*, a.a.O., S. 82 und — speziell für die Verfassungsauslegung — *Forsthoff* in: VVdDStRL 12, S. 8.
[120] Vgl. *Hedemann*, a.a.O., S. 56 bzgl. § 242 BGB; F. von *Hippel*, a.a.O., S. 179 ff., der allgemein den Terminus „negative Richtlinien" gebraucht, mit instruktiven Beispielen zu §§ 138, 242 BGB, § 1 UWG, Standespflichten der Rechtsanwälte usw.

4. Die Besonderheiten des Standarddenkens

welche möglichen Verhaltensweisen standardgemäß oder standardwidrig sind[121]. Wesentlich ist vielmehr nur die Grenzlinie, die „inclusion or exclusion", die Beantwortung der Frage, ob konkretes Verhalten dem Standard oder seinem Gegentypus zuzuordnen ist. Hierzu bedarf es eines Katalogs von Typenmustern, nicht aber durchnormierter Fixierungen des gesamten Standardinhalts bzw. seines Gegentypus. Standarddenken ist zwar, wie jedes typologische Verfahren, ein „Denken von der Mitte her", aber diese Mitte gilt es nur im Umriß zu bezeichnen, durch Leitbilder anzudeuten, denn auf die exakte Beschreibung kommt es nicht an.

Aus der Abwehrfunktion der Standards folgt zum anderen notwendig ihr konservierender Charakter. Standards weisen eine spezifische Beharrungstendenz auf[122]. Die aktuell-existente soziale Ordnung, das jeweilige Durchschnittsverhalten, die herrschenden Auffassungen sind verbindlicher Maßstab nur in soweit, als sie hineinintegriert werden können in den in der juristischen Tradition vorgegebenen, rechtlich als verbindlich akzeptierten Standard. Denken in Standards ist daher nicht identisch mit einem konkreten Ordnungsdenken[123], das nur das aktuell Gegebene nachzeichnet[124]. Im Standarddenken erfährt die soziale Ordnung nicht einfach mit ihrer bloßen Existenz zugleich die Legitimation als rechtlich verbindlicher Maßstab, sondern nur insoweit, als sie dem tradierten rechtlichen Standard zugeordnet werden kann. Diese gleichsam rückwärts gerichtete, möglicherweise ausgesprochen historische Betrachtungsweise beläßt damit einerseits dem Standard die stetig steuernde Funktion, andererseits birgt sie notwendig die Gefahr einer Erstarrung in sich. Zwischen traditionellem Standard und aktueller sozialer Situation kann eine Diskrepanz auftreten[125, 126] und im Extremfall derart untragbar werden, daß der unzeitgemäß gewordene Standard durch einen Bruch mit der Tradition aufgegeben und der aktuellen Situation angepaßt werden muß. Eine derart abrupte Wendung wird freilich bei einer behutsamen, vorschnelle Fixierungen vermeidenden Handhabung der Standardnormen — wie vor allem die amerikanische Verfassungsgeschichte zeigt — die Ausnahme bleiben. Im Gegensatz zu

---

[121] Ähnlich *von Hippel*, a.a.O.

[122] S. *Esser*, a.a.O., S. 98.

[123] C. *Schmitt*, Über die drei Arten des rechtswissenschaftlichen Denkens, passim.

[124] *Schmitt*, a.a.O., S. 13 will allerdings der Norm „eine gewisse regulierende Funktion mit einem relativ kleinen Maß in sich selbständigen, von der Lage der Sache unabhängigen Geltens" nicht absprechen.

[125, 126] Vgl. *Esser*, a.a.O. N. 39 mit dem Hinweis auf den Bereich des „sittlichen Empfindens", in dem sich das Richtertum zur (formalen) Tugendwacht berufen fühle.

anderen Rechtsphänomenen ist bei ihnen eher umgekehrt aufgrund ihrer logischen Struktur in besonderem Maße die Möglichkeit evolutionärer Fortentwicklung gegeben. Als dynamische Typen mit fließenden Übergängen werden sie der dem Recht als einer Lebensordnung insgesamt gestellten Aufgabe, die Spannung zwischen Stabilität und Flexibilität zu bewältigen[127], besonders gerecht, so daß ihnen vielfach auch die Funktion zufällt, die Anpassung der Gesamtrechtsordnung an veränderte Situationen zu bewerkstelligen und so deren Lebensfähigkeit zu gewährleisten[128]. Die kontinuierliche Vermittlung der Gegenwart mit dem in der Tradition Vorgegebenen, d. h. also die Erfüllung einer der obersten Aufgaben des Rechtsdenkens überhaupt[129], ermöglicht das Standarddenken — eine Leistung, deren Bedeutung besonders für den verfassungsrechtlichen Bereich kaum zu hoch veranschlagt werden kann.

Schließlich ergibt sich aus der abweisenden Funktion der Standards eine Begrenzung des Spielraums der Diskretion bei ihrer Handhabung. Wo noch kein Normaltypus feststellbar ist, wo noch nicht ein Normalverhalten von gewisser Dichte sich herausgebildet hat und daher noch keine repräsentativen, allgemeinakzeptablen Typenmuster vorhanden sind, kann noch kein Verstoß gegen einen Standard festgestellt werden[130]. Da Abwehren des nicht normgemäßen Verhaltens Ausschluß aus dem Typenbereich bedeutet und also allererst etwas vorhanden sein muß, von dem das Objekt abgehoben werden kann, ist hier von vornherein eine über ein bloß irrationales, negativ wertendes Gefühl hinausgehende Evidenz gefordert.

Standards sind nach alledem im Unterschied zur begrifflich-tatbestandsmäßig fixierten Rechtsregel nicht feste Ein- oder Ausgrenzungen erlaubten, gebotenen oder nicht zugelassenen Verhaltens, sondern sie stellen stetig steuernde Richtlinien dar[131]. Fixierte Regeln werden eingehalten oder befolgt, Standards werden ständig realisiert. Alles Verhalten in den von ihnen erfaßten Lebensbereichen ist entweder konkretisierende Verwirklichung des Normaltypus oder es fällt aus dem Typenbereich heraus und unterliegt damit der Abweisung, wobei durch ausdrückliche Exklusion der Standardbereich ebenfalls deutlicher, d. h.

---

[127] Vgl. dazu die treffenden Formulierungen *Pounds* in 7 Nebr. L. Bul., 1928, S. 110: „Legal institutions must be stable because the economic order, in which our civilization has culminated, presupposes general security. But these institutions govern life, and the essence of life is change. Thus law and the legal institutions must be stable and yet they cannot stand still ... They must keep a due balance between the need of stability and the need of change."

[128] *Hedemann*, a.a.O., S. 62.

[129] Vgl. *Esser*, a.a.O., S. 82.

[130] Vgl. auch *Stoll*, a.a.O., S. 179.

[131] Vgl. *Hedemann*, a.a.O., S. 57.

4. Die Besonderheiten des Standarddenkens

die Standardnorm konkretisiert wird. Es gibt hier keine Irrelevanz des Standard in Bezug auf den Sachverhalt, wie bei der begrenzenden Rechtsregel, die, solange nicht die Grenze überschritten ist, einfach unanwendbar bleibt. Konkretes Verhalten mag oft so sehr „normal" erscheinen, daß die Frage der Standardgemäßheit gar nicht erst aufkommt, dennoch stellt es eine Realisierung des Standard dar und bestimmt damit den Gesamttypeninhalt mit. Diese stetige enge Beziehung der Standardnorm zu den sozialen Gegebenheiten, für die sie gilt, folgt aus ihrer typologischen Struktur, sie ist bei der begrifflich fixierten Rechtsregel ausgeschlossen. Der Typeninhalt wird — wie oben dargelegt wurde — von den ihm zugehörigen Objekten konstituiert, wohingegen Begriffsinhalte abstrakt fixiert, von den ihnen subsumierbaren Gegenständen unberührt existent sind.

Ist damit die Standardnorm hinsichtlich ihrer Struktur und Funktion von den übrigen Wertbegriffen wie von der begrifflich-tatbestandsmäßig fixierten Rechtsregel unterschieden, so bleibt weiterhin ihre Eigenart in anderer Richtung abzuheben.

Stetig steuernde Richtlinie ist auch die sachlich fixierte Ermächtigung (etwa im Sinne des Art. 80, Abs. 1 Satz 2 GG), die zielgerichtete Direktive, der Auftrag, die Zielformel — kurz jedes ein bestimmtes Ziel vorfixierendes Strukturelement des Rechts, das dem Adressaten eine Wahlmöglichkeit in Bezug auf die Art und Weise der Ausführung einräumt. Gerade in dieser Richtung ist daher die Besonderheit des Standard am ehesten verkannt worden[132]. Der Mangel dieser Unterscheidung dürfte in einem größeren Rahmen zu sehen sein: Offenbar liegt ihm eine in unserem Rechtskreis allgemein feststellbare Überschätzung des abstrakten Ziels gegenüber dem konkreten „Verfahren", den „Zwischenschritten"[133] zugrunde, die sich am grundlegendsten in der Bevorzugung der Begriffslogik gegenüber dem typologischen Denken äußert. Hier wird der abstrakte Begriff vorweggenommen, als sei er von Beginn gegeben[134], während er in Wahrheit erst nach der Gewinnung des Typus aus diesem herauszukristallisieren ist. Die scheinbare Binsenwahrheit: „in-

---

[132] Vgl. die oben erwähnte französische Lehre vom „élément standard-directive" und die deutsche Doktrin, die die Standards weitgehend als „Delegationsnormen", also als Ermächtigungen auffaßt, s. o. S. 76 f.; sowie auch *Hedemann*, a.a.O., bes. S. 5 f., 49 ff., der unter dem Begriff der „Generalklausel" Standards, allgemeine Zuständigkeitsregelungen (wie § 10 II 17 ALR) und Zielformeln gleichsetzt. Zu den verfassungsrechtlichen Zielformeln etwa *Kägi*, Die Verfassung als rechtliche Grundordnung des Staates, S. 26, 29, 99, 131.

[133] Vgl. *Lerche* in: DVBl 1961, S. 690, 695; *von Köhler* in: Verw. Arch. 50 S. 223, Anm. 52 mit dem Hinweis, daß bereits *Gneist* — etwa in Verwaltung, Justiz, Rechtsweg (1869), S. 353 — davor gewarnt habe; vgl. auch die Kritik *Essers*, a.a.O., S. 330 f.; *Bachof*, a.a.O., S. 30.

[134] Vgl. zur Kritik am Neukantianismus, besonders *Rickerts*, oben Anm. 110, S. 44.

duction must precede deduction, for in order to be able to deduce we must have an inductive generalization to deduce from"[135] wird in unserem neukantisch beeinflußten Rechtsdenken weitgehend verkannt[136].

Schon in der Grundlage, durch seine typologische Struktur, hebt sich das Standarddenken von einer solchen Vorwegnahme des Ergebnisses ab. Nicht in Richtung auf ein abstrakt festgelegtes Ziel geht hier der Blick, sondern gleichsam entgegengesetzt, rückwärtsgerichtet: zu den bereits Wirklichkeit gewordenen Typenmustern. Nicht ein vorfixiertes Ziel gilt es zu erreichen, sondern eine Erwartung zu erfüllen, die an die Realität gewordene Vergangenheit geknüpft ist. Die Bedeutung dieser Umkehrung der Blickrichtung liegt auf der Hand: Als Richtlinie dient nicht die abstrakte Zielformel, die von jeder Ideologie mit beliebigem Inhalt gefüllt und zur Rechtfertigung jeden Mittels benutzt werden kann, sondern ein realer Typus bildet den Maßstab. Derart wirklich Gewordenes läßt sich zwar verschieden interpretieren, aber diese Möglichkeiten sind durchaus begrenzt: es vermag seinen wahren Gehalt auch gegenüber der Fehl- oder bewußten Falschinterpretation durchzusetzen, das falsche Vorurteil kann an der Sache scheitern[137]. Eine solche Korrekturmöglichkeit von der Sache her gibt es bei der abstrakt, als Zielformel verstandenen Generalklausel nicht. Die Möglichkeit, sie nach Belieben mit Inhalt zu füllen, der im anschließenden Subsumtionsverfahren logisch exakt wieder herausgeholt wird, kann nicht ausgeschlossen werden[137a].

Die hierin liegenden Gefahren, wie sie vor allem Hedemann[138] eindrücklich beschrieben hat, werden im Standarddenken vermieden. Nur das historisch wirklich Gewordene, dessen Bewährung in der Realität nachprüfbar ist und das um dieser Bewährung willen dem Gemeinsinn als „reasonable" erscheint und akzeptiert wird, bildet das Richtmaß. Standarddenken erweist sich damit als Ausdruck des allem methodischen Ausdenken abstrakt vorfixierter Prämissen zutiefst abgeneigten angelsächsischen Rechtsdenkens, das Maitland nicht zu Unrecht als „stumbling forward in our empirical fashion, blundering into wisdom" bezeichnet hat[139]. Die Auswirkungen einer solchen Umkehrung der Blickrichtung im Standarddenken erweisen sich insbesondere in der Kontinuität der amerikanischen Verfassungsgeschichte[140], die neben anderen

---
[135] *Stoljar* in 20 Univ. of Chicago L. R. (1953), S. 186.
[136] *Esser*, a.a.O., S. 47.
[137] Vgl. o. S. 62 f.
[137a] Vgl. etwa *Triepel*, Staatsrecht und Politik, S. 36.
[138] a.a.O., bes. S. 70 ff.
[139] Zitiert nach *Radbruch*, Der Geist des englischen Rechts, S. 9.
[140] Vgl. dazu etwa *Ehmke*, Wirtschaft und Verfassung, S. 85.

4. Die Besonderheiten des Standarddenkens

Faktoren auch in der angedeuteten Grundhaltung der Ausrichtung am historisch vorgegebenen, realen Maßstab begründet sein dürfte[141].

Jedenfalls ist festzuhalten, daß Standards — in ihrer typologischen Struktur recht verstanden und von allen zielgerichteten Rechtselementen abgehoben — ausgesprochen stabilisierende Wirkung haben.

Schließlich bleibt, die Abgrenzung der Standards von den Rechtsprinzipien darzustellen. Auch hier gibt es Verwechslungen, die auf einer Verkennung ihrer typologischen Struktur beruhen. Da die Standards, wie die übrigen Wertbegriffe, sich den Operationen der Definition und Subsumtion nicht zugänglich erweisen, wird ihre Eigenart als besonders hoher Grad der Allgemeinheit zu deuten versucht[142]. Damit rücken sie in die Nähe der vielfach ebenfalls wegen ihrer besonderen Generalität von den tatbestandsmäßig fixierten Rechtsregeln unterschiedenen Prinzipien[143]. In Wahrheit bildet der Grad der Allgemeinheit in keiner Richtung das richtige Abgrenzungskriterium. Die Verschiedenheit der drei in Rede stehenden rechtlichen Strukturelemente ist vielmehr eine qualitative. Standards und die übrigen Wertbegriffe sind durch ihre typologische Struktur, die Prinzipien hinsichtlich der Frage der unmittelbaren Gültigkeit[144] von den begrifflich-tatbestandsmäßig fixierten Normen verschieden. Die Unterscheidung zwischen Standards und Prinzipien ist danach eindeutig: Prinzipien — gleich, ob es sich um axiomatische, rhetorische (problematische), dogmatische oder Rechtsfindungsprinzipien handelt[145] — beruhen in sich, geben keine Maßstäbe an, bezeichnen nicht vorgegebene Realtypen[146]. Sie sind von begriffslogischer, nicht von typologischer Struktur. Ihre Beziehung zu den Standards ist wie die der begrifflich fixierten Rechtsregel „genetischer" Art. Aus ursprünglichen Standards können sich rhetorische, d. h. problemgebundene Prinzipien (etwa das Vertrauensprinzip im Rechtsverkehr) entwickeln, die weiter derart mit dem positiven System verschmelzen können, daß sie als dogmatische Prinzipien scheinbar selbständig brauchbaren Ableitungswert haben[147].

Diese Rolle der Standards bei der Norm- und Systembildung durch stetige Zuführung neuen Materials für den „ständigen Stoffwechsel" des Rechtslebens[148] muß naturgemäß im offenen, durch den Mangel axiomatischer Ableitungszusammenhänge gekennzeichneten Rechtssystem von

---

[141] Vgl. auch unten S. 120 f.
[142] Vgl. oben S. 75.
[143] Vgl. die kritische Darstellung *Essers*, a.a.O., S. 49 f., 95 ff.
[144] *Esser*, a.a.O.
[145] Vgl. zur Abgrenzung im einzelnen *Esser*, a.a.O., S. 50 f.
[146] *Esser*, a.a.O., S. 96 f.
[147] *Esser*, S. 48 f.
[148] *Esser*, S. 331.

größerer Bedeutung sein als im kodifikatorisch geschlossenen[149]. Auch von hieraus ergibt sich daher die Vermutung, daß Denken in Standards insbesondere im Bereich des Verfassungsrechts Fruchtbares zu leisten vermag, ist doch hier — wie insbesondere Triepel, Smend, Erich Kaufmann und Heller aufgezeigt haben[150] — auch unser sonst allgemein kodifikatorisch durchnormiertes Rechtssystem in besonderem Maße „geöffnet"[151]. Bevor dem näher nachzugehen ist, bleibt im folgenden in der Ebene des Allgemeineren noch das Verhältnis des Standarddenkens zu den herkömmlichen Auslegungsmethoden zu untersuchen.

5. Standards und Interpretationsmethoden

Der typologischen Struktur der Standards wie der Wertbegriffe allgemein wird die herkömmliche juristische Interpretationslehre evidentermaßen nicht gerecht. Die seit der klassischen Darstellung Savignys[152] unterschiedenen vier Elemente der Auslegung[153] sind für die Interpretation der Standardnormen unanwendbar oder doch nicht zureichend. Daß grammatische und logische Interpretation nur in Bezug auf begrifflich fixierte Rechtsregeln sinnvoll sein können, liegt auf der Hand: Die Formel von „Treu und Glauben" oder das „Adjektiv dubiosen Sinngehalts ‚sozial'"[154] beispielsweise spotten geradezu jedem Versuch, durch Worterklärung Entscheidungsmaximen zu gewinnen, während die logische Interpretation ins Leere geht, da ein fixierter Gedanke, dessen einzelne Teile in einem aufweisbaren logischen Verhältnis zueinander stehen könnten, nicht vorhanden ist. Ebenso ist offensichtlich die systematische Methode nicht anwendbar, denn sie setzt die Zugehörigkeit des Auslegungsgegenstandes zu einem systematischen Ableitungssystem übergeordneter Allgemeinbegriffe voraus[155], die bei den Standards ihrer typologischen Struktur wegen ausgeschlossen ist. Von Bedeutung bleibt allein das historische Element. Standarddenken bedeutet Vermittlung der in der Tradition vorgegebenen Maßstäbe mit der Gegenwart, mit dem aktuell vorliegenden Fall. Die historische Betrachtung hat die Typen-

---

[149] Vgl. *Esser,* S. 97 f.; auch an die o. S. 15 f. erwähnte Bedeutung des International Minimum Standard im Völkerrecht sei hier erinnert.
[150] *Triepel,* bes. in seiner Rektoratsrede über Staatsrecht und Politik, S. 20 f., 32, 36 ff.; *Smend,* Verfassung und Verfassungsrecht, bes. S. 78 f., 134; Erich *Kaufmann* in VVdDStRL 9, S. 1, 12; *Heller,* Staatslehre, S. 265 ff., 275.
[151] Jetzt etwa *Ehmke* in VVdDStRL 20, S. 62; *Lerche,* a.a.O., S. 692; *Bäumlin,* Staat, Recht und Geschichte, bes. S. 11 ff.
[152] System des heutigen römischen Rechts, Bd. I, S. 213 ff.
[153] Über deren verschiedenen historischen Ursprung vgl. *Coing,* Die juristischen Auslegungsmethoden und die Lehren der allgemeinen Hermeneutik, S. 7 ff.
[154] *Forsthoff* in: C. Schmitt-Festschr. S. 35 ff., 49.
[155] Vgl. *Coing,* a.a.O., S. 9.

muster zu liefern, die als Orientierungsrichtlinien für das hier und jetzt zu entscheidende Problem dienen können. Daraus ergibt sich zugleich die Grenze der Bedeutung der historischen Methode: sie kann nur Vorbereitungsarbeit leisten. Der Inhalt der Standardnorm ist nicht identisch mit dem in der Tradition Vorgegebenen, sondern er ist in der Applikation im aktuellen Fall jeweils neu zu bestimmen. Standards sind nicht objektiv vorgegebener Gegenstand der Erkenntnis, dem das erkennende Subjekt mit einer bestimmten Methode des Verstehens gegenüberstehen könnte. Die Alternative zwischen subjektiver und objektiver Auslegungsmethode[156] erweist sich damit im Bereich der Standardnormen von vornherein als falsch gestellt[157].

Das „Verstehen" der Standardnorm kann nicht als „Reconstruction des dem Gesetz innewohnenden Gedankens" begriffen werden, wie Savigny — ganz im Sinne der hermeneutischen Theorie der Romantik, besonders Schleiermachers[158] — das Geschäft der Auslegung bestimmt hatte[159]. Aber auch Radbruchs Formel vom über die bloße Reproduktion hinausgehenden „Zuendedenken eines Gedachten"[160] ist dem Vorgang des Standarddenkens nicht adäquat. Abgesehen davon, daß es hier ein Ende nicht gibt, man also nur von einem Weiterdenken sprechen könnte[161], liegt der Wendung Radbruchs die von der klassischen Naturwissenschaft übernommene neukantische Trennung von Sein und Wissen, von erkanntem Objekt und erkennendem Subjekt der Auslegung zugrunde[162], mit der dem Phänomen der Standards als Typen nicht beizukommen ist.

Standarddenken kann nicht begriffen werden als Weiterspinnen eines Begriffsnetzes durch ein autonomes Subjekt zum Zwecke der ordnenden Umformung einer chaotischen oder durch „vorwissenschaftliche Begriffsbildung" vorgeformten Wirklichkeit. Standards bezeichnen ein vom geschichtlichen Dasein nicht ablösbares Wissen, das so oder auch anders sein kann, das in tradierten Leitbildern — zu denen auch der vom „Wil-

---

[156] Vgl. zur Praxis des BVerfG etwa *Haug* in: DÖV, 1962, S. 329 ff.; *H. J. Müller* in: JZ 1962, S. 471 ff.; *Ehmke*, a.a.O., S. 57 f.

[157] So auch allgemein *Ule* in AÖR n. F. 21, 1932, S. 50; *Larenz*, Methodenlehre, S. 238, 240; *Leisner*, Grundrechte und Privatrecht, S. 291 N. 15; *v. Pestalozza*, a.a.O., S. 428; *G. Husserl*, Recht und Zeit, S. 23.

[158] Vgl. *Gadamer*, a.a.O., S. 172 ff., 280, der auch, a.a.O., S. 309, Anm. 1 auf den zeitlichen Zusammenhang zwischen dem ersten Erscheinen von Schleiermachers Hermeneutikvorlesung und Savignys Werk hinweist und die Frage aufwirft, ob darin nur ein Zufall zu sehen sei.

[159] a.a.O., S. 213.

[160] Rechtsphilosophie, S. 211.

[161] Aus dem Zusammenhang der zitierten Textstelle ergibt sich, daß Radbruch den Vorgang offenbar auch so versteht.

[162] Vgl. — bes. deutlich — für die Beziehung *Radbruchs* zum Neukantianismus a.a.O., S. 219.

III. Das Denken in Standards als juristische Methode

len des Gesetzgebers" erfaßte, zu seinem Zeitpunkt gültige Typeninhalt gehört — vorskizziert, aber jeweils im aktuellen Fall neu zu konkretisieren ist. Dies geschieht im Vorgang der Zuordnung konkreten Verhaltens zum Normaltypus, bei dem dieser erst seinen aktuell gültigen Gehalt empfängt. Das Standarddenken ist aufzufassen als ein Überlieferungsvorgang, in dem sich Vergangenheit und Gegenwart beständig vermitteln. Es ist — wie das typologische Denken und alles Verstehen überhaupt — keine von einem erkennenden Subjekt gehandhabte Methode, sondern ein Geschehen, in das es nach der rechten Weise hineinzukommen gilt. Der Inhalt der Standardnorm wird gewonnen im Vollzug des Kreislaufs des Verstehens zwischen tradierten Typenmustern und aktuellem Fall. Weder die vorgegebenen Leitbilder noch der Sachverhalt, das konkrete zur Beurteilung stehende Verhalten sind einfach „vorhanden"[163]. Beide werden mitbestimmt durch das Vorverständnis des Beurteilers, auf das sie ihrerseits wieder einwirken. Die tradierten Typenmuster bestimmen das Vorverständnis gegenüber dem konkreten Sachverhalt. Aber auch ihr Inhalt ist nicht „ontisch", sondern historisch und wird damit vorherbestimmt von dem Aspekt des Beurteilers, wie er sich aus seiner aktuellen „Situation" im allgemeinen und angesichts des zur Beurteilung stehenden Sachverhalts im besonderen ergibt[164].

Das Vorverständnis ist notwendige Voraussetzung alles Verstehens, jeder Auslegung und jeder rechtlichen Bewertung, nicht bloß mögliche, aber an sich zu vermeidende Beeinträchtigung[165] der angeblich mit der Anwendung bestimmter Methoden erreichbaren zwingenden Allgemeingültigkeit[166]. In Wahrheit ermöglicht erst die Erkenntnis, daß es Vorurteilslosigkeit gegenüber „historischen" Objekten — und von dieser

---

[163] Vgl. in Bezug auf den Sachverhalt auch *Kelsen*, General Theory, S. 135 f.: „The function of ascertaining facts through a legal procedure has always a specifically constitutive character."

[164] Den Kreislauf zwischen Sachverhalt und Norm haben bereits *Bierling*, Juristische Prinzipienlehre, Bd. IV, S. 45 f. und daran anschließend *Engisch*, Logische Studien, S. 14 f. erkannt und anschaulich beschrieben und dabei auch die Ansicht zurückgewiesen, daß es sich hier um einen logischen Zirkelschluß handele (zustimmend dazu auch *Ehmke*, a.a.O., S. 53 ff., 57; *Horn*, Untersuchungen zur Struktur der Rechtswidrigkeit, S. 28; *v. Pestalozza*, a.a.O., S. 427; *Ohlmer*, a.a.O., S. 70). Auf dem Boden der Begriffslogik, von dem beide ausgehen, läßt sich freilich nur bei Gelegenheit des Vorkommens des bestimmten Falles der nicht eindeutige Begriffsinhalt vor seiner Anwendung neu definiert, d. h. abstrakt für die Zukunft festgelegt wird. Bei der Anwendung der Normen mit typologischer Struktur, insbesondere der Standards, wird dagegen mit jedem Zuordnungsvorgang der Norminhalt notwendig ein anderer, Interpretation und Applikation lassen sich hier auch theoretisch nicht trennen, denn der zugeordnete Sachverhalt wird selbst zum Leitbild für zukünftige Zuordnungen, vgl. oben S. 54 ff.

[165] Bezeichnend etwa *Coing*, a.a.O., S. 46.

[166] Ebenso *v. Pestalozza*, a.a.O., S. 430 f.

5. Standards und Interpretationsmethoden

Seinsart sind die Gegenstände der Jurisprudenz, die positiven Rechtsnormen und die Sachverhalte[166a] — nicht geben kann, das rechte Hineinkommen in den hermeneutischen Zirkel und damit die Erzielung der hier überhaupt erreichbaren Objektivität. Es gilt, sich der von Heidegger aufgewiesenen Vorstruktur des Verstehens bewußt zu werden, denn nur beim möglichst bewußten Vollzug des Kreislaufs des Verstehens wird die unkontrollierte Beliebigkeit des Meinens ausgeschaltet, indem der Weg frei wird, die legitimen von den illegitimen Vorurteilen zu scheiden[167].

Für die Handhabung der Standardnormen ergibt sich aus der Aufdeckung der entscheidenden Bedeutung des Vorurteils von vornherein die Abweisung verschiedener Auffassungen, die auf einer Verkennung der Bedeutung des Vorverständnisses beruhen.

Zunächst ist auch von hier aus der bereits oben kritisierten Ansicht entgegenzutreten, daß im Bereich der Standards und der übrigen Wertbegriffe „freie Rechtsfindung" zu betreiben sei. Die „ganz freie" Entscheidung des Richters „aus sich selbst heraus"[168] kann es von vornherein nicht geben, denn alles Urteilen ist notwendig — bewußt oder unbewußt — diktiert von dem aus der Situation des Beurteilers sich ergebenden Vorverständnis, mit dem er an den Fall herangeht. Auch der Jurist unterliegt dem Einfluß der Wirkungsgeschichte, die ihm Fragestellungen, Akzente, Blickrichtungen vorgibt[169]. Die Ermächtigung zu freier Rechtsfindung könnte demnach nur bedeuten, daß der Beurteiler über die Herkunft seiner Vorurteile sich und der Rechtsgemeinschaft keine Rechenschaft schuldig wäre, daß er also nach Belieben urteilen könnte — eine These, die wohl nur noch als historische Reminiszenz an die Freirechtsbewegung von Bedeutung sein kann[170].

Standarddenken bedeutet weiter auch nicht vernünftiges Urteilen im Sinne einer Anwendung objektiver Vernunft auf den konkreten Fall. Die oben in der Einleitung erwähnte, insbesondere von Roscoe Pound[171] vertretene These, die Standards seien Ausdruck einer allgemeinen Idee der „reasonableness or fairness" steht der hier vertretenen Auffassung der Standardnorm als Produkt einer am vorgegebenen Typenmuster orientierten Beurteilung des konkreten Sachverhalts nicht entgegen. Von der Einsicht in die Vorstruktur alles Verstehens her ergibt sich,

---

[166a] Vgl. auch *Heller* in: AÖR n. F., Bd. 16, 1928, S. 321, 353.
[167] Dieser Scheidung dient vor allem die richterliche Begründungspflicht, dazu grundlegend *Ohlmer*, a.a.O., bes. S. 97 ff.
[168] Vgl. etwa *Ehrlich*, a.a.O., S. 140 sowie die oben S. 76 Anm. 40 f. angeführte Literatur.
[169] Vgl. *Gadamer*, a.a.O., S. 284 ff.
[170] Vgl. etwa die Darstellung bei *Larenz*, Methodenlehre, S. 59 ff.
[171] The Administrative Application of Legal Standards, a.a.O., S. 451.

daß Vernunft und Autorität — insbesondere in der Form der Tradition — nicht wie es seit der Aufklärung üblich geworden ist, als Gegensätze gedacht werden können[172]. Geltung von Autorität beruht nicht notwendig auf blindem Gehorsam und Abdiktion der Vernunft. Autorität gründet sich auf Anerkennung und damit auf eine Handlung der Vernunft, auf die Erkenntnis, daß das, was die Autorität sagt, nicht unvernünftige Willkür ist, sondern grundsätzlich eingesehen werden kann. Dies gilt insbesondere für die Form der Autorität, die für das Standarddenken von besonderer Bedeutung ist, für die Tradition. Auch Tradition kann nicht in unbedingtem Gegensatz zur Vernunft gesehen werden. Tradition vollzieht sich nicht nur einfach von selbst dank der natürlichen Beharrungskraft dessen, das einmal da ist, sondern sie bedarf der Bejahung und Ergreifung. Tradition bedeutet Bewahrung, und diese Bewahrung ist ebenso ein Akt der Vernunft, wie die Neuerung, das Vorausplanen. Der Unterschied besteht nur darin, daß die Bejahung des Vorgegebenen unauffällig geschieht und sich daher die revolutionäre Neuerung leicht als die alleinige Handlung und Tat der Vernunft ausgeben kann. Auch und besonders für das juristische Denken gilt, daß in dem Verhalten zur Vergangenheit, das ständig bestätigt wird, nicht Abstandgewinnung und Befreiung von dem Überlieferten das Anliegen ist. Auch das juristische Denken steht vielmehr ständig in Überlieferungen, wobei dieses Darinstehen nicht als verobjektivierendes Verhalten zu denken ist, in dem das, was aus der Überlieferung spricht, als ein anderes, Fremdes erschiene. Vielmehr ist das Überlieferte immer schon ein Eigenes, das Verhalten zur Überlieferung ein Wiedererkennen, das weniger Erkenntnis als „unbefangenste Anverwandlung der Überlieferung" bedeutet[173].

Ist also die Geltung von Autorität und Tradition nicht gleichbedeutend mit Unterwerfung und Abdiktion der Vernunft, so kann andererseits Vernunft nicht als absolut gedacht werden: „Vernunft ist für uns immer als reale geschichtliche, d. h. schlechthin: sie ist nicht ihrer selbst Herr, sondern bleibt stets auf die Gegebenheiten angewiesen, an denen sie sich betätigt[174]."

In diesem Sinne sind auch die von Pound gebrauchten, hier weitgehend synonymen[175] Begriffe „reasonableness" und „fairness" zu verstehen. „Reasonable" ist das Angemessene, das in den Grenzen des Erwarteten Liegende[176], d. h. also was sich dem akzeptierten Normaltypus

---

[172] Vgl. hierzu und zum Folgenden *Gadamer*, a.a.O., S. 264 ff.
[173] *Gadamer*, a.a.O., S. 266.
[174] *Gadamer*, S. 260.
[175] Vgl. Pocket Oxford Dictionary sub „reasonable".
[176] Vgl. Pocket Oxford Dictionary, a.a.O.: „not greatly less or more than

5. Standards und Interpretationsmethoden

zuordnen läßt. „Unreasonable" ist daher auch nicht das ausgesprochen Unvernünftige, nicht bloße Willkür und Beliebigkeit[177], sondern was sich dem akzeptierten Normalmaßstab nicht zuordnen läßt, was sich dem in der konkreten Situation allgemein Erwarteten nicht einfügt, gleich ob es sich von irgendeinem Standpunkt her einsehen läßt, als vernünftig erscheint. Dieser Normalmaßstab vermag sich auch der logischen Stringenz einer exakten systematischen Ableitung wie der Autorität eines insgesamt grundsätzlich rezipierten Rechtsstoffs gegenüber durchzusetzen: Im anglo-amerikanischen Recht wirkt die „reasonableness" als Kontrollprinzip gegenüber sachwidriger Begriffslogik[178] und schematischer Übernahme des englischen Rechts in der Frühzeit der nordamerikanischen Rechtsentwicklung[179]. Nicht „deductive logic", sondern „common sense" und „expert intuition" sind denn auch — wie Pound ausdrücklich feststellt[180] bei der Handhabung der Standards erforderlich[181]. Damit wird nicht ein lehr- und lernbares Wissen, sondern ein durch Erfahrung gewonnenes Können bezeichnet[182]. Denn es geht hier nicht um die Applikation eines abstrakten Vorstellungsgehaltes auf den konkreten Fall im Wege des logischen Schlußverfahrens, sondern um typologische Zuordnung. Gefordert wird das Bewußtsein des in bestimmten Situationen angemessenen Verhaltens. Dieses Wissen um das rechte Maß in der konkreten Situation wird gewonnen in der Ausarbeitung des durch vorgegebene Leitbilder — also durch Geltenlassen von Autorität und Bewahrung von Tradition — bestimmten Vorverständnisses im aktuellen Fall. Damit wird das konkrete Verhalten als dem Typus zugehörig oder aus ihm ausgeschlossen „verstanden".

---

might be expected"; vgl. zur „reasonableness" auch J. *Stone* in: U.S. v. Trenton Potteries Co., 273 U.S. 392 (1927): „reasonableness is not a concept of definite and unchanging content. Its meaning necessarily varies in the different fields of law..."; zur „fairness" J. *Cardozo* in: Snyder v. Mass. 291 U.S. 97 (1934) 116: „Due process requires that the proceedings be fair, but fairness is a relative, not an absolute concept."

[177] Vgl. auch *Lerche*, Übermaß und Verfassungsrecht, S. 42.
[178] Vgl. *Esser*, a.a.O., S. 225.
[179] *Wengler* in: Festschr. f. Ernst Rabel, Bd. I, S. 39 ff.
[180] a.a.O., S. 451, 457.
[181] Der anglo-amerikanische Richter ist dem „common sense of the community" soziologisch durchaus enger verbunden als der kontinental-europäische. Man kann in ihm die Figur des „Genossenschaftsrichters" im Gegensatz zum kontinental-europäischen „Königsrichter" sehen (vgl. zu dieser Unterscheidung W. G. *Becker*, Gegenopfer und Opferverwehrung, S. 131 f.). Er ist der Richter der „community" (*Pekelis*, Law and Social Action, S. 56, 61).
[182] Zur geistesgeschichtlichen Entwicklung von der aristotelischen Phronesis über Vicos Berufung auf den humanistischen sensus communis gegenüber der kritischen Wissenschaft der Neuzeit und die zeitlich parallele Ausbildung des Begriffs des „common sense" durch Shaftesbury und Reid, sowie zur Abgrenzung zwischen sensus communis und der — materiell unbestimmten — kantischen Urteilskraft vgl. *Gadamer*, a.a.O., S. 16 ff.

Mit der Aufhellung der Bedeutung des Vorverständnisses ergibt sich weiter, daß die Konkretisierung der Standardnorm auch nicht als Rechtsfindung „aus dem Sachverhalt" begriffen werden kann[183]. Zwar ist der Sachverhalt in seiner ganzen Fülle hier von größerer Bedeutung für die Entscheidung als bei der Anwendung begrifflich fixierter Rechtsregeln[184], da bei der Typenzuordnung ein umfassenderer Vergleich vorzunehmen ist[185], aber der Sachverhalt trägt damit doch nicht die Entscheidung gleichsam in sich[186]. Notwendig ist allemal ein Messen an einem in dem Vorverständnis vorgegebenen Maßstab. Nur kann das Bewußtsein dieses Maßstabs so ausgeprägt und als Ausdruck eines so weitgehend gefestigten, allseitig akzeptierten Gemeinsinns erscheinen, daß dem Sachverhalt — von diesem Vorverständnis her — gleichsam von vornherein angesehen werden kann, welche Entscheidung die angemessene ist.

Nach der Abweisung dieser die Vorurteilshaftigkeit des Verstehens in Richtung auf den zu entscheidenden Sachverhalt verkennenden Auffassungen der Rechtsfindung im Bereich der Standardnormen ist weiterhin der Verkennung der Bedeutung des Vorverständnisses gegenüber den vorgegebenen Typenmustern entgegenzutreten. Aus der Erkenntnis der Zirkelstruktur des Verstehens ergibt sich in dieser Blickrichtung die Abwehr des in Parallele zur Geschichtswissenschaft auch hier möglichen „Historismus"[187]. Diese Betrachtungsweise sieht in den vorgegebenen Typenmustern einen objektiv, ein für alle Mal fixierten Normeninhalt, der im aktuellen Fall einfach anzuwenden ist. Die gleiche abstrahierende Betrachtungsweise äußert sich in der umgekehrten Richtung in dem Versuch, vom aktuellen Fall her den Inhalt der Standardnorm im voraus für alle zukünftigen „gleichen" Sachverhalte „grundsätzlich" zu fixieren. Beiden Haltungen — zu denen ein im wesentlichen begriffslogisch eingestelltes juristisches Denken eher neigen wird als ein im allgemeinen typologischer Denkstil — liegt die gleiche Verkennung der Geschichtlichkeit allen Verstehens und damit auch des Gehalts der Standardnormen zugrunde. Die Vorstellung eines objektiv fertig vorgegebenen oder für die Zukunft fixierbaren Maßstabes verkennt nicht nur den Vorgang des Standarddenkens als eines typologischen Verfah-

---

[183] Vgl. dazu W. G. *Becker*, in JR a.a.O., dessen These, daß bei bestimmten Normen der konkrete Sachverhalt Einfluß auf die Entscheidung habe, diese also nicht einfach auf das Vorliegen des fixierten Tatbestandes abgestellt sei, mit der hier vertretenen Auffassung übereinstimmt. Vgl. weiter auch *Ohlmer*, a.a.O., S. 68 ff.
[184] Vgl. W. G. *Becker*, a.a.O.
[185] Vgl. oben S. 56 f.
[186] So aber *Bettermann*, a.a.O., S. 367.
[187] Vgl. allgemein dazu *Gadamer*, S. 185 ff., 205 ff., 284 ff. und *Rothacker*, a.a.O., passim.

5. Standards und Interpretationsmethoden

rens, sondern bereits die ontologische Zirkelstruktur des Verstehens. In Wahrheit ist die Auffassung eines unabhängig von der Perspektive des Interpreten „objektiv" vorgegebenen Inhalts der Standardnorm selbst ein Vorurteil, welches das rechte Hineinkommen in den Zirkel des Standarddenkens verhindert oder jedenfalls erschwert. Das Absehenwollen vom eigenen, von der Zeitstelle des tradierten Leitbildes verschiedenen Standort des Interpreten beraubt den Standard der Aktualität und verhindert letzten Endes die Gewinnung eines Maßstabes für eine sachgerechte Lösung des aktuell aufgegebenen Problems. Es beeinträchtigt die Möglichkeit, sich vom vorgegebenen Leitbild für den aktuellen Fall etwas sagen zu lassen. Maßstab von unbeschränkter aktueller Gültigkeit ist die Standardnorm nur solange, wie sie in ihrer typologischen Struktur erhalten bleibt. Die begriffslogische Fixierung, die hier gleichbedeutend ist mit Verobjektivierung und „Entzeitung", wird zwar niemals auszuschalten sein. Sie schließt sachgerechte Lösungen in Teilbereichen, vor allem in solchen, die durch besondere Stabilität ausgezeichnet sind, auch nicht aus. Aber sie vermag von vornherein nur Fragmente zu sichern, und zwar in sachlicher wie vor allem in zeitlicher Hinsicht. Sie wird unweigerlich irgendwann wieder aufgebrochen, wenn im Zuge der historischen Weiterentwicklung die aktuelle Problemsituation der erstarrten Form in keiner Weise mehr sich einpassen läßt[188].

Gefordert wird demnach für den rechten Vollzug des Standarddenkens vor allem kritische Offenheit: Empfänglichkeit gegenüber dem, was aus den tradierten Leitbildern spricht, wie gegenüber der Eigenart des aktuellen Sachverhalts. Diese Haltung ist einerseits jener Einstellung entgegengesetzt, welche die vorher aus einem unbewußten oder jedenfalls nicht auf seine Herkunft geprüften Rechtsgefühl getroffene Entscheidung nachträglich an den bewußt entsprechend interpretierten Autoritäten zu legitimieren sucht[189]. Andererseits widersetzt sie sich dem bequemen Schematismus, der den zu einem bestimmten Zeitpunkt in einem bestimmten Fall konkretisierten Inhalt der Standardnorm einfach anwenden zu können meint und dabei leicht der Gefahr erliegt, den zur Entscheidung stehenden Sachverhalt zu verbiegen, d. h. gleichzusetzen, was nicht gleichzusetzen ist. Auch hier gilt es in kritischer Einstellung das Vorverständnis an den Sachen — am konkreten Fall und an den vorgegebenen Typenmustern — auszuarbeiten, damit sie

---

[188] Vgl. etwa das von *Pound*, a.a.O., S. 457 gegebene anschauliche Beispiele der „Stop-Look-and-Listen-Rule" aus den Anfängen des modernen Verkehrs in den Vereinigten Staaten.

[189] Vgl. *Isay*, Rechtsnorm und Entscheidung, passim. sowie zur amerikanischen subjektivistischen Theorie des „hunch": *Hutcheson* in Recueil Geny Bd. II, S. 531 ff., und schließlich zum extremen „Psychologismus": Jerome *Frank*, Law and the Modern Mind, passim.

sich in ihrer Eigenart abheben und in die rechte Zuordnung bringen lassen. Im rechten, durch illegitime, d. h. in der Rechtsordnung nicht zu bewährende Vorurteile ungestörten Vollzug dieses Kreislaufs zwischen Leitbildern — akzeptierter Autorität und bewahrter Tradition — und aktuellem Fall wird die für jede wirkliche „Entscheidung von Rechts wegen" zu fordernde Evidenz[190] gewonnen. Daß es sich dabei nicht um die Genauigkeit der Subsumtionslogik handeln kann, ergibt sich aus dem oben zum typologischen Verfahren allgemein Ausgeführten. Eine solche ist dem juristischen Denken auch grundsätzlich versagt, weil seine Gegenstände von der Seinsart der Geschichtlichkeit sind: begriffslogisch-systematisches Zuendedenken wird notwendig ständig „vom aktuellen Problem gestört"[191]. Wo dennoch unter Berufung auf bestimmte „objektive" Methoden logische Stringenz behauptet wird, gelingt dies nur, indem man das in Wahrheit über alles weitere entscheidende Vorurteil, das einerseits die Auswahl der Methode, andererseits aber auch die Konstituierung des Sachverhalts bestimmt, aus der Betrachtung ausklammert[192].

Die hier erreichbare Evidenz ist abhängig einmal von der Autorität[193] der herangezogenen Leitbilder, zum anderen von der Bewährung des Vorverständnisses an ihnen und am konkreten Sachverhalt. Hinsichtlich des Grades der Autorität ist zu unterscheiden zwischen rechtlichen und außerjuristischen Typenmustern. Grundsätzlich wird dem durch den Gesetzgeber, den Richter und die herrschende Lehre dem rechtlichen Standard bereits zugeordneten Leitbild höhere Autorität zukommen als dem durch die öffentliche Meinung, die Auffassung von Regierungs- und Verwaltungsorganen oder die Regelung in einer fremden Rechtsordnung als normal aufgefaßten Muster. Bei der Beurteilung unterverfassungsgesetzlicher Normen anhand der verfassungsrechtlichen Standards wird sich durch Berufung allein auf die außerrechtlichen Autoritäten, auf die herrschende Lehre und die Rechtsprechung mit Ausnahme verfassungsgerichtlicher Präjudizien, keine evidente Ent-

---

[190] Vgl. vor allem Erich *Kaufmann* in: Ac. de Droit Int., Rec. des Cours, 1935, Bd. IV, S. 313, 509 f. und die dort teilweise wiedergegebene Ansprache Max Hubers; ferner ders. in VVdDStRL 9, S. 1, 9; *Scheuner* in: Z. ausl. öff. R. u. Völkerrecht, Bd. XIII, 1950/1, S. 566, 568; aus der amerikanischen Literatur Herbert *Wechsler*, a.a.O., bes. S. 16 ff., 21 ff., 27, dessen Forderung nach „principled decisions" allerdings — zu weitgehend — auf eine auch hier abgelehnte Vorausfixierung hinausläuft. Vgl. die treffende Kritik von *Mueller* und *Schwartz* in: 7 UCLA L. R., 1960, S. 571 ff.; dazu auch *Kirchheimer* in: JÖR n. F. Bd. 11, 1962, S. 93 ff.

[191] *Viehweg*, Topik und Jurisprudenz, S. 21.

[192] Vgl. v. *Pestalozza*, a.a.O., S. 431; *Ehmke*, a.a.O., S. 71.

[193] Im amerikanischen Verfassungsrecht ist die Frage der Autorität der verschiedenen Interpreten der Verfassung durchaus geläufig. Vgl. etwa *Kirchheimer*, a.a.O., S. 93.

5. Standards und Interpretationsmethoden

scheidung treffen lassen. Gegenüber der Autorität des Gesetzgebers, der in erster Linie zur Substantiierung der verfassungsgesetzlichen Standards berufen ist, haben diese Autoritäten nur minderen Rang. Da weiterhin die bei der Konkretisierung der Standards mögliche Evidenz in der Bewährung des Vorverständnisses besteht, kann nicht ausgeschlossen werden, daß auch bei Orientierung an den gleichen Leitbildern verschiedene gleichermaßen vertretbare Entscheidungen möglich sind. Es können sich verschiedene Ansichten an den Sachen bewähren, der Standard kann verschieden, jeweils gleichermaßen gültigen Inhalt in Bezug auf das zur Beurteilung stehende Verhalten haben, das einmal dem Typus einzuordnen, das andere Mal aus ihm auszuschließen wäre. Die Frage, welchem Verständnis in einem solchen Fall der Vorzug zu geben ist, dürfte nicht für alle Rechtsbereiche gleichermaßen zu beantworten sein. Für das Zivilrecht erscheint die Auffassung zutreffend, das allemal der Richter selbst das „Anstandsgefühl aller billig und gerecht Denkenden" bestimme[194]. In der Ebene des weniger kasuistisch-pointillistisch fortgebildeten Verfassungsrechts wird dagegen allgemein die Lehre zu Recht stärkere Teilhabe an der hier relevanten communis opinio beanspruchen dürfen[195].

Sofern es sich allerdings um solche Standards handelt, die das „Verhalten" des Gesetzgebers zum Gegenstand haben, müssen beide beurteilende Autoritäten zurücktreten hinter der des Autors des zur Beurteilung stehenden Aktes. Soweit unterverfassungsrechtliche Normen den Standardinhalt bilden, ist daher der Bewegungsraum der ohnehin bei der Handhabung der Standardnormen nur kontrollierenden und transformierenden richterlichen Funktion enger als bei den anderen Standards. Hier ist von vornherein für die den Ausschluß aus dem Standardbereich feststellende richterliche Entscheidung ein besonders hoher Evidenzgrad zu fordern. Damit wird nicht bloß eine allgemeine „Beweislastumkehrung" aufgrund der „Vermutung" der Standardgemäßheit gesetzgeberischer Akte bezeichnet[196]. Ausgehend von der Feststellung, daß in erster Linie der Gesetzgeber zur Konkretisierung, d. h. Substantiierung der verfassungsgesetzlichen Standards berufen ist, ist vielmehr zu fordern, daß die Verwerfung des gesetzgeberischen Aktes nur dann erfolgt, wenn eine eindeutige Abweichung von dem bisherigen Typengehalt feststellbar ist. Dies setzt voraus, daß durch verfassungsgerichtliche Präjudizien und insbesondere durch das „Vorverhalten" des

---

[194] *Esser*, a.a.O., S. 82.
[195] *Ehmke*, a.a.O., S. 71.
[196] Vgl. für die Annahme einer „Vermutung" der Richtigkeit der gesetzgeberischen Wertung etwa BVerfGE 7, S. 377, 409 f., 412; zutreffend gegen eine Vermutung der Rechtmäßigkeit von Hoheitsakten *Jesch*, Die Bindung des Zivilrichters an Verwaltungsakte, S. 54 ff.

Gesetzgebers selbst der Normaltypus derart zu sicherer Substanz verdichtet ist, daß unter jeder möglichen Perspektive der zur Beurteilung stehende Akt eine Verkehrung des bisher Gültigen darstellt. Die Weite des richterlichen Kontrollbereichs kann demnach nicht generell und im voraus für bestimmte verfassungsrechtliche Standards festgelegt werden. Auch kann keine Differenz zwischen Kontrollnorm und Funktionsnorm angenommen werden, die je nach der Struktur des zur Beurteilung stehenden Aktes größer oder kleiner (so bei Maßnahmegesetzen) zu bestimmen wäre[197]. Es kommt auf die Dichte des Standardgehaltes an, die je nach dem Sachbereich und zu verschiedenen Zeitpunkten der verfassungsgeschichtlichen Entwicklung durchaus unterschiedlich sein kann[198]. Eine logisch exakte Grenze läßt sich damit auch hier nicht ziehen. Der geforderte „judicial self-restraint" bezeichnet selbst nur einen jeweils von der Sache her zu bestimmenden Normaltypus der Ausübung der richterlichen Kontrollfunktion, keine abstrakt fixierbare Begrenzung[199]. Die stetige Vollziehung dieses jeweils verschiedenen Maßstabes gerichtlicher Zurückhaltung ist[200] unbedingte Voraussetzung der fruchtbaren Handhabung verfassungsrechtlicher Standards[201].

---

[197] So *Forsthoff* in: Jellinek Gedächtnisschrift, S. 223 f.
[198] Im Ergebnis ähnlich *Lerche*, a.a.O., S. 335 ff.
[199] Ebenso Erich *Kaufmann*, a.a.O., S. 10 f. zum „judicial self-restraint" gegenüber „political questions".
[200] Wie insbesondere das Beispiel der amerikanischen Verfassungsgeschichte lehrt, vgl. dazu *Rostow* in 66 Harv. L. R. (1952), S. 193 (213); *Kirchheimer*, a.a.O.
[201] s. a. allgemein *Ehmke*, a.a.O., S. 97 ff.; a. A. *Deppeler*, Due Process of Law, S. 144, 154.

IV. Standards im Verfassungsrecht

1. Der Bereich der verfassungsrechtlichen Standards

Standards sind, wie oben dargelegt wurde, als Normaltypen „richtigen" Verhaltens nicht feste Ein- oder Ausgrenzungen erlaubten, gebotenen oder nicht zugelassenen Verhaltens, sondern stetig steuernde, aber nicht zielgerichtete, sondern durch eine an die Vergangenheit geknüpfte Erwartung bestimmte Richtlinien. Daraus ergibt sich der Bereich des Standarddenkens im Verfassungsrecht.

Standards heben sich einerseits ab von Freiheitsrechten, institutionellen Garantien und den Instituten der Zuständigkeitsordnung, d. h. von jenem, durch feste Grenzlinien gekennzeichneten Verfassungsbereich, den man als „institutionelle Schicht" bezeichnen kann[1]. In diesem Bereich werden nicht Normaltypen korrekten Verhaltens beschrieben, die stetig zu realisieren wären, sondern Grenzlinien gezogen, die es einzuhalten gilt. Allerdings steht das Phänomen der Standards diesem institutionalisierten Verfassungsbereich nicht beziehungslos gegenüber. Standarddenken tendiert, wie alles typologische Denken, zur Verfestigung. Fragmente des Gesamttypenbereichs können sich, wie oben dargestellt wurde[2], in festere Formen kristallisieren, es entstehen auf diese Weise als Teilausschnitte des gesamten Typengehalts begrifflich-tatbestandsmäßig fixierte Regeln, problematische und schließlich dogmatische Prinzipien. Diese Verfestigung zu einem institutionellen Gefüge, gleichsam als Teilablagerung des Gesamtstandardgehalts, ist auch bei den verfassungsrechtlichen Standards festzustellen. Insbesondere ist so ein Teilgehalt der Sozialstaatsklausel zu verstehen, der einen Mindestbestand gewisser sozialer Institutionen garantiert[3].

Weiterhin sind die Standards zu unterscheiden von den verfassungsrechtlichen Grundsatznormen, d. h. den grundlegenden Verfassungsrichtpunkten, wie den Staatsformbestimmungen, den „objektiven Verfassungsgrundsätzen von Achtung und Schutz der Menschenwürde"[4]

---

[1] Vgl. hierzu und zu der im folgenden zugrundegelegten Einteilung *Lerche*, Übermaß und Verfassungsrecht, S. 61 ff.
[2] s. o. S. 51 f.
[3] Vgl. *Lerche*, a.a.O., S. 231.
[4] *von Mangoldt-Klein*, Vorbem. A VI 4 a.

oder dem Gewaltenteilungsprinzip[5], die, wie alle Rechtsprinzipien allgemein[6], in sich beruhen und nicht Maßstäbe des Normalverhaltens bezeichnen. Zwar haben auch diese Grundentscheidungen Richtlinienfunktion, indem sie als „allgemeine Leitideen"[7] oder Leitgrundsätze gleichzeitig Auslegungsregeln für das unterverfassungsgesetzliche Recht abgeben[8] und — entsprechend dem hermeneutischen Grundsatz der Einheit des auszulegenden Gegenstandes[9] — die Auslegung der übrigen Verfassungsnormen leiten[10]. Aber es liegt auf der Hand, daß sie damit nicht Normaltypen richtigen Verhaltens bezeichnen.

Weiterhin sind die Standards zu unterscheiden von den individuell-konkreten Sätzen[11], die als situationsbedingter Verfassungsgehalt den weitesten Gegensatz zu den stetig steuernden Standardnormen bilden.

Schließlich bleibt die Abgrenzung von den zielgerichteten Verfassungsgehalten, wobei indes zu differenzieren ist. Zunächst fallen unter diesen Begriff die verfassungsrechtlichen Zielformeln, die umfassende Ermächtigungen an den Gesetzgeber oder andere Staatsorgane darstellen, bestimmte Rechtsgebiete zu regeln (Art. 131 GG), die gestörte Ordnung wieder herzustellen (Notstandsrecht) oder neue Ordnungen zu schaffen (so ein Teilgehalt der Sozialstaatsklausel). Hier fehlt die den Standards eigene Rückbindung an bereits realisierte Maßstäbe, es werden Ziele global umrissen und Ermächtigungen erteilt, sie anzusteuern. Von diesem Verfassungsbereich heben sich die Standards damit deutlich ab[12]. Neben den umfassenden Zielformeln begegnen aber andere zielgerichtete Verfassungsnormen, die vom Gesetzgeber dauernden Vollzug ständig neu sich aktualisierender Verfassungsaufträge verlangen und damit — wie die Standards — stetig dirigierende Richtlinien bilden. Hierzu gehören einmal solche Normen, die dem Gesetzgeber die dauernde Absicherung geschützter Rechtsgüter gegen Drittstörungen aufgeben. Beispiele bieten die Aufträge zum Schutz der Menschen-

---

[5] *Scheuner* in: Aktuelle Probleme der Versicherungswirtschaft, S. 95 ff.
[6] Vgl. *Esser*, Grundsatz und Norm, S. 96 f., u. oben S. 99.
[7] Vgl. etwa BVerfGE 2, 380, 403.
[8] BVerfGE 7, 198, 205 ff.; *von Mangoldt-Klein*, a.a.O., Vorbem. A VI 4 b.
[9] Vgl. *Betti* in: Rabel-Festschr., a.a.O., S. 100 ff.; *Coing*, a.a.O., S. 14, 18; u. o. S. 60 zur traditionellen (Schleiermacherschen) Auffassung des hermeneutischen Zirkels. Zur Auslegung der einzelnen Verfassungsnorm aus der Gesamtnorm etwa: *von Mangoldt-Klein*, Vorbem. XIV, 2; *Jesch*, Gesetz und Verwaltung, S. 72; *Ule*, a.a.O., S. 118; *Leisner* in: DÖV 1961, S. 641, 651; BVerfGE 1, 14, 32; 1, 208, 227 f.; 2, 380, 403; 3, 225, 231; 5, 85, 112; 6, 309, 361; 7, 377, 402.
[10] *Scheuner* in: Recht — Staat — Wirtschaft, Bd. IV, S. 88 ff., 96; ders., Die Auslegung verfassungsrechtlicher Leitgrundsätze, S. 18 f.; ders. in: VVdDStRL 11, 1954, S. 21.
[11] Vgl. Hans *Huber* in: Giacometti-Festgabe, S. 68.
[12] Vgl. o. S. 97 f.

1. Der Bereich der verfassungsrechtlichen Standards 113

würde (Art. 1 Abs. 1 Satz 2 GG), von Ehe und Familie (Art. 6 Abs. 1 Satz 1, auch Abs. 2 Satz 2 und Abs. 4 u. 5), zur Gewährleistung der ungestörten Religionsübung (Art. 4 Abs. 2 GG), der Koalitionsfreiheit (Art. 9 Abs. 3 GG) und von Eigentum und Erbrecht (Art. 14 Abs. 1 GG) usw. Zum anderen sind zu diesem beauftragenden Verfassungsbereich der Auftrag zur Neugliederung des Bundesgebietes (Art. 29 Abs. 1 Satz 1 GG), die „Regelungsaufträge" gemäß Art. 33 Abs. 5, Art. 120, 135 Abs. 5 und 6 GG, das „Anpassungsgebot" des Art. 117 Abs. 1 GG, der als Teilgehalt dem Art. 131 zu entnehmende „Fürsorgeauftrag"[13] und vor allem jener Teilgehalt der Sozialstaatsklausel zu rechnen, der den Gesetzgeber mit der stetigen Abwehr und Beseitigung sozialer Mißstände beauftragt, die sich aus dem Nichtfunktionieren sozialer Einrichtungen ergeben[14].

Der hier in Erscheinung tretenden dirigierenden Verfassungsschicht sind auch die Standards zuzurechnen, denn auch sie haben stetig steuernde Funktion. Aber sie bilden doch ein eigenständiges Element dieses Bereichs. Der Unterschied zwischen den beauftragenden Normen und den Standards ist allerdings nicht einfach der zwischen positiver Handlungs- und negativer Unterlassungspflicht. Das Auftragsgebot begründet zugleich die Unterlassungspflicht in Bezug auf auftragswidriges Verhalten, andererseits kann umgekehrt die Standardnorm in bestimmten Situationen auch positive Handlungspflichten begründen[15]. Die Verschiedenheit besteht vielmehr darin, daß Standards nicht Aufträge, sondern Maßstäbe sind. Nicht die ständig neu zu vollziehende Erfüllung einer Daueraufgabe, sondern die stetige Orientierung am vorgegebenen Normalmaßstab, die kontinuierliche Realisierung eines Normaltypus des eigenen Verhaltens wird hier gefordert. Aufträge sind zielgerichtet, es gilt etwas zu schützen, zu erhalten, herzustellen. Das darauf gerichtete Verhalten ist Mittel zu einem vorherbestimmten Zweck. Standardgemäßes Verhalten bedeutet demgegenüber die Erfüllung einer allgemeinen Erwartung, die — unabhängig vom unmittelbar oder mittelbar verfolgten Ziel und möglicherweise im Gegensatz zu dem von der

---

[13] Vgl. außer *Lerche*, a.a.O., S. 64, auch die Übersicht bei Ipsen in: DVBl. 1956, S. 358, 359 f.
[14] *Lerche*, a.a.O., S. 231 f.
[15] Vgl. z. B. die zahlreichen durch Treu und Glauben begründeten Nebenpflichten, dazu etwa *Staudinger-Werner*, BGB-Kommentar Bd. II, Tl. 1 b Anm. 770—952 zu § 242 BGB; ferner die bei *Esser*, a.a.O., S. 99 Anm. 42 zitierte amerikanische Judikatur zur solidarischen Hilfspflicht der Kraftfahrer sowie vor allem aus der Rechtsprechung des BVerfG zur Bundestreue: BVerfGE 1, 117 ff., bes. 131: gegenseitige Finanzausgleichspflicht der Länder; E 6, 309, 328, 361 f.: Pflicht zur Beachtung völkerrechtlicher Verträge des Bundes; E 8, 122, 138 f.: Verpflichtung, im Wege der Kommunalaufsicht gegen Gemeinden einzuschreiten, die in eine ausschließliche Bundeskompetenz eingreifen.

jeweiligen Zweckmäßigkeit Geforderten — auf die stetige Realisierung des Normaltypus gerichtet ist. Zwar haben auch die Standardnormen ein telos: die Erhaltung von Ordnungen — des Rechtsverkehrs allgemein, der sozialen und wirtschaftlichen Lebensbereiche, des bundesstaatlichen Gefüges, des Verhältnisses zwischen Individuum und Staatsgewalt unter dem Zeichen der Rechtsstaatlichkeit oder auch nur des funktionierenden Straßenverkehrs. Aber die stetige Steuerung erfolgt nicht teleologisch von diesen abstrakten Zielen her, aus denen sich kaum konkrete Verhaltensrichtlinien gewinnen lassen, sondern durch die konkreten Typenmuster des Normalverhaltens, das diese Ordnungen als geschichtlich existente stetig realisiert.

Unterscheiden sich damit die Standards von den verfassungsrechtlichen Auftragsnormen, so stehen sie doch auch dieser Normengruppe nicht beziehungslos gegenüber. Standards können sich in Teilbereichen zu Daueraufträgen verdichten. Teilgehalt des Normaltypus kann die über die bloße Institutsgarantie hinausgehende stetige Gewährleistung des Funktionierens von Einrichtungen sein, insbesondere wo diese sich als verfestigte „Ablagerungen" der Standardnorm darstellen. In dieser Weise ist insbesondere jener Teilinhalt der Sozialstaatsklausel zu verstehen, der dem Gesetzgeber den Dauerauftrag zur stetigen Beseitigung sozialer Mißstände erteilt, die sich aus dem Nichtfunktionieren sozialer Einrichtungen ergeben. Diese Institutionen wurden vom Gesetzgeber im Vollzug der sozialstaatlichen Standardnorm geschaffen oder als verdichtete Teilgehalte des vom Verfassunggeber mit der Sozialstaatsklausel bezeichneten Normaltypus vorgefunden. Dem verfassungsrechtlichen Standard ist damit nicht nur die Garantie dieser Verdichtungen des Normaltypus zu entnehmen, sondern zugleich der Dauerauftrag, durch Abwehr von Drittstörungen und Anpassung an veränderte soziale Situationen für ihr ständiges Funktionieren Sorge zu tragen.

Als Kernbereich verfassungsrechtlicher Standards erweisen sich nach alledem Teilgehalte der Rechtsstaats- und Sozialstaatsklauseln, die einerseits noch nicht zu institutionellem Gefüge und akzessorischen Daueraufträgen verdichtet, andererseits aber für den Bereich der globalen Ermächtigung und elementaren Grundentscheidung hinausgehend bereits festere, zur Steuerung taugliche Formen gefunden haben. Hinzu kommt der aus dem Gleichheitssatz abgeleitete Gleichbehandlungsgrundsatz, sowie der auf die Erhaltung der bundesstaatlichen Ordnung gerichtete Normalmaßstab bundesfreundlichen Verhaltens. Aus dem bezeichneten Teilgehalt der Rechtsstaatsklausel erweisen insbesondere die formalen Direktiven des Erforderlichkeitsgedankens, des Grundsatzes der Verhältnismäßigkeit[16], des Bestimmtheits- und Geeignetheits-

---

[16] Dazu grundlegend *Lerche,* op. zit., passim.

1. Der Bereich der verfassungsrechtlichen Standards

prinzips die Tendenz zur Substantiierung des als elementarer Verfassungsrichtpunkt noch allzu blassen Normaltypus der Rechtsstaatlichkeit zu differenzierteren, zu dauernder Steuerung geeigneten Normalmaßstäben. Charakteristischerweise wird dabei in der Rechtsprechung — insbesondere zum Bestimmtheitsgrundsatz — teils unmittelbar an den Globalstandard der Rechtsstaatlichkeit[17], teils an die an Einzelstellen vom Verfassunggeber selbst normierten Spezialausprägungen — Art. 80 Abs. 1 Satz 2[18], Art. 103 Abs. 2[18a] und Art. 14 Abs. 1 Satz 2 GG[19] — angeknüpft. Es werden aber auch in typologischer Zuordnung weitere Folgerungen gezogen, die über die ursprüngliche verfassungsgesetzliche Kristallisierung hinausgehen[20].

Die genannten Maßstäbe erweisen sich damit als Untertypen des allgemeinen Normalmaßstabes rechtsstaatlichen Verhaltens, aus deren Typenbereich einzelne Fragmente bereits vom Verfassunggeber selbst normiert wurden. Zu dem Gesamtleitbild der Rechtsstaatlichkeit stehen diese Zwischenmaßstäbe nur in einem typologischen Zuordnungsverhältnis — sie lassen sich aus ihm nicht logisch deduzieren — andererseits sind sie selbst nicht auf konkrete Sachverhalte im syllogistischen Schlußverfahren „anwendbar", sondern sie können jeweils nur durch typologische Zuordnung konkretisiert werden. Diese ist auf Typenmuster, insbesondere gesetzgeberisches „Vorverhalten"[20a] angewiesen und daher in den verschiedenen Verfassungsbezirken durchaus differenziert vorzunehmen[21].

Der gleiche Vorgang der Konkretisierung eines Standard durch den „gradual process of inclusion and exclusion" zeigt sich in der Recht-

---

[17] So etwa BVerfGE 5, 25, 31; 7, 282, 302; 8, 274, 325; 9, 137, 147 f.; BVerwGE 6, 247, 249; 7, 54, 58; Bay. VfGH in: Bay. VGH u. Bay. VerfGHE 67, n. F. Bd. 4, S. 90, 103, 106.
[18] BVerfGE 1, 14, 60; 2, 307, 334 f.; 4, 7, 21; 5, 71, 76 f.; 7, 267, 273 ff.; 7, 282, 291 ff.; 8, 274, 307, 319, 322 f.; 10, 251, 258; 14, 245, 251; 14, 174, 185 f.; 15, 153, 161; BVerwGE 1, 104, 108 ff.; 4, 24, 39 ff.; 5, 99, 102; 6, 247, 249.
[18a] BVerfGE 4, 352, 357 f.; 14, 174, 185 f.; Bay. VerfGH, in: Bay. VGH u. Bay. VerfGHE 67, n. F. Bd. 4, II, 194, 201 ff.
[19] BVerwGE 2, 172.
[20] So die Forderung der Vorhersehbarkeit gegenüber rückwirkenden Gesetzen, vgl. etwa BVerfGE 1, 264, 280; 2, 237, 266; 7, 89, 92; 8, 274, 304 f.; 11, 64, 72; 11, 139, 145 f.; 13, 206, 212 ff.; 13, 215, 223 f.; 13, 279, 283 f.; 14, 76, 104; 14, 288, 296 ff.; 15, 313, 319 f.; die über Art. 80 Abs. I GG hinausgehende Begrenzung von Ermächtigungen zum Erlaß eingreifender oder verpflichtender Einzelakte, vgl. etwa BVerfGE 6, 32, 42; 8, 71, 76; 8, 274, 325; 9, 137, 147; 14, 105, 113; BVerwGE 4, 24, 38; das über Art. 103 Abs. II GG hinausgehende Erfordernis der Tatbestandsbestimmtheit: BVerfGE 8, 274, 325; 9, 83, 87; 9, 137, 148, 151 f.; 10, 89, 108; 13, 153, 160 f.; 14, 11, 16; 16, 194, 200 f.; die Forderung nach Eindeutigkeit bei Verweisungsgesetzen, s. BVerfGE 5, 25, 31 ff.; 8, 274, 302 f.
[20a] Ähnlich Lerche, a.a.O., S. 224, 245.
[21] Vgl. Lerche, a.a.O., S. 71; ähnlich BVerfGE 7, 89, 92 f.; 11, 64, 72.

sprechung des Bundesverfassungsgerichts zur Bundestreue. Das Gericht hat diesen Normalmaßstab bisher durch Zuordnung verschiedener Typen korrekten Verhaltens des Bundes und der Länder — in Bezug auf die Ausübung von Kompetenzen[22], die Erfüllung gegenseitiger Hilfspflichten[23], bei der Herstellung einer rechtlich relevanten Übereinstimmung[24], bei der Gestaltung von Verhandlungen zwischen Bund und Ländern im Bereich der Gleichordnung[25], gegenüber Gemeinden, die durch ihre Maßnahmen in eine ausschließliche Bundeskompetenz eingreifen[26], sowie in Bezug auf die Beachtung völkerrechtlicher Verträge des Bundes[27] — konkretisiert. Bis auf die allerersten Entscheidungen, die faktisch keinerlei Begründung geben, hat das Gericht jeweils eine Orientierung an den in seinen früheren Urteilen gegebenen Typenmustern vorgenommen durch Aufweisung der Ähnlichkeitsbeziehung[28] bzw. durch Feststellung, daß eine solche nicht gegeben sei[29]. Der Vorgang der Selbstbindung durch eigene Präjudizien ist damit im Ansatz zumindest bereits erkennbar.

2. Schlußfolgerungen: Verfassungskonkretisierung durch Standarddenken

Zutreffend wird im neueren Schrifttum und in der Rechtsprechung des Bundesverfassungsgerichts vielfach betont, daß die Verfassung nicht so sehr der „normalen" Auslegung und Anwendung im syllogistischen Schlußverfahren, wie ständiger Konkretisierung bedürfe[30]. Als Ergebnis der Untersuchungen zum Standarddenken ist vor allem festzuhalten, von welcher logischen Struktur die richtig gehandhabte Verfassungskonkretisierung ist: es handelt sich um einen von der Anwendung begrifflogisch fixierter Normen im syllogistischen Schlußverfahren verschiedenen typologischen Zuordnungsprozeß[31].

---

[22] E 3, 52, 57; 4, 115, 140; 12, 205, 249; 14, 197, 215.
[23] E 1, 117, 131.
[24] E 1, 299, 315.
[25] E 12, 205, 255.
[26] E 8, 122, 138 ff.
[27] E 6, 309, 328, 361 f.
[28] Bes. deutlich etwa E 8, 138: „In derselben Richtung liegt es, wenn ..."
[29] E 13, 54, 75 f.; E 14, 197, 215.
[30] s. bes. Hans *Huber*, Die Verfassungsbeschwerde, S. 18 ff.; ders. in: Rechtsquellenprobleme im Schweizerischen Recht, S. 95, 107, 109; daran anschließend: *Eichenberger*, Die richterliche Unabhängigkeit als staatsrechtliches Problem, S. 131 f.; ferner *Drath* in: VVdDStRL 9, 17, 95; *Lerche* in: DVBl. 1961, S. 690, 692; *Bäumlin*, Staat, Recht, Geschichte, bes. S. 30 f.; Herbert *Krüger* in: DÖV 1961, S. 721, 724; v. Pestalozza, a.a.O., S. 427 f.; BVerfGE 7, 89, 92; 11, 64, 72.
[31] Wohl am deutlichsten bisher *Huber*, in: Rechtsquellenprobleme, a.a.O.,

2. Verfassungskonkretisierung durch Standarddenken

Daraus ergeben sich weitere Folgerungen, die zumindest im Umriß skizziert werden sollen.

Zunächst erweist sich die in den bekannten grundsätzlichen Stellungnahmen Forsthoffs zum Problem der Verfassungsinterpretation[32] ausdrücklich oder inzidenter behauptete Alternative zwischen angeblich objektiver begriffslogischer Interpretation und Anwendung des Verfassungsgesetzes im syllogistischen Schlußvorgang einerseits und einer unzulässigen Legitimierung von Bestrebungen „an" der Verfassung, bei der diese zum „Repositorium der gängigen Werte" werde und damit Rationalität und Evidenz einbüße[33] als unrichtig[34]. Neben begrifflogischer Interpretation und Normanwendung im syllogistischen Schlußverfahren steht die Möglichkeit der Verfassungskonkretisierung durch den „gradual process" typologischer Zuordnung.

Dieses Verfahren vermag bei richtiger, d. h. vor allem: disziplinierter Handhabung die unbegrenzte Beliebigkeit des Meinens im gleichen Maße auszuschließen und damit den gleichen Grad von Rationalität und Evidenz zu gewährleisten, wie die begriffslogische Norminterpretation, die infolge der nicht logisch zwingend begründbaren Methodenauswahl auch bei korrekter Anwendung der herkömmlichen zivilrechtlichen Interpretationsmethoden ebenfalls durchaus kein logisch exaktes Verfahren darstellt[35].

Wesentliche Teile der modernen Verfassung können nicht im begriffslogischen Verfahren angewendet werden, da sie ein von einem historischen, veränderlichen Sein nicht endgültig abstrahierbares, nicht ein für alle Mal fixierbares Wissen bezeichnen und somit den logischen Prozeduren der Definition und Subsumtion nicht zugänglich sind. Die Verteilung begriffslogischer und typologischer Strukturen im geltenden Verfassungsrecht kann dabei nicht in der Weise gedacht werden, daß die rechtsstaatlichen Verfassungsbereiche feste, begriffslogische Fixierung, andere Gehalte, besonders der sozialstaatliche, dagegen bloß offene, typologische Formung gefunden hätten und daß diese Zuordnung der

---

S. 110 f., der von „fortwährender Einfügung neuer Sinngebilde in die umfassenden, verstehbaren Sinnzusammenhänge der gesamten Verfassungsrechtsordnung" spricht.

[32] „Die Umbildung des Verfassungsgesetzes", in: Festschrift für Carl Schmitt, S. 35 ff.; Zur Problematik der Verfassungsauslegung, passim; „Der introvertierte Rechtsstaat und seine Verortung", in: Der Staat, 1963, S. 385 ff.

[33] Bes. Umbildung, S. 47 ff., 51, 60 f.; Verfassungsauslegung, S. 37 f.

[34] Im Ergebnis ebenso *Lerche*, a.a.O., bes. S. 693, N. 32; *Ehmke*, Wirtschaft und Verfassung, S. 45 ff., bes. S. 52. Die hier kritisierte Auffassung Forsthoffs dürfte im Zusammenhang mit seiner Bindung an neukantische Vorstellungen zu sehen sein; dazu kritisch *Hollerbach* in: AÖR 85, S. 241 ff.

[35] s. etwa *v. Pestalozza*, bes. S. 433.

verschiedenen Formen und Gehalte eine notwendige sei[36]. Zwischen rechtsstaatlichem Gehalt und begriffslogischer Formung besteht keinerlei logisch zwingende Verknüpfung. Das amerikanische Beispiel der Konkretisierung der Due-Process-Klauseln des 5. und des 14. Amendments der Bundesverfassung[37] zeigt, daß ein der begriffslogischen Fixierung grundsätzlich abgeneigtes Rechtsdenken auch den rechtsstaatlichen Verfassungsbereich in typologischer Struktur „offen" halten kann. Der stärkere Grad begrifflicher Fixierung der rechtsstaatlichen Gehalte in unserer Rechtsordnung dürfte eher darin begründet sein, daß diese bereits von längerer verfassungsrechtlicher Tradition sind, als etwa der Sozialstaatsgedanke. Teile des rechtsstaatlichen Verfassungsgehalts sind aber auch bei uns (noch) nicht zu festerer begriffslogischer Form erstarrt und bedürfen daher der — typologischen — Konkretisierung[38].

Andererseits bedeutet das typologische Verfahren eine deutliche Abkehr von allem abstrakt spekulativen Denken, das etwa aus den abendländischen Kulturwerten, allgemeinen ideologischen Grundlegungen und geistesgeschichtlichen Aspekten unmittelbar verfassungskräftige, für die soziale Realität verbindliche Richtschnuren herzuleiten sucht[39]. Das Denken in Standards ist demgegenüber an konkrete Gegebenheiten: reale Typenmuster und Lebenssachverhalte, gebunden und damit ein durchaus durch Sachlichkeit ausgezeichnetes Denken. Einseitig-spekulative Systementwicklung ist hier von vornherein abgewehrt. Der Rückgriff auf allgemeine Grundlegungen und abstrakte Wertvorstellungen bleibt unnötiges Beiwerk, die Annahme einer Grundnorm oder eines hinter der Verfassung stehenden Wertsystems etwa wird eher zum störenden Ballast[40]. Das typologische Denken ist ein Denken vom „Fall" her: dem vorgegebenen, dem konstitutionellen Normalmaßstab bereits zugeordneten Typenmuster und dem neu andringenden, problematischen Lebenssachverhalt, die einander zuzuordnen sind. Zu Recht fordert Forsthoff die Ausrichtung der Verfassungsauslegung auf konkrete Anwendungsfälle und damit die Rückkehr zu wahrhaft juristischem Denken[41]. Aber die Handhabung der von Savigny beschriebenen Inter-

---

[36] Wie *Forsthoff*, Verfassungsauslegung, S. 12 ff., 29 f. und in: VVdDStRL 12, 18 ff. offenbar annehmen will.

[37] Vgl. dazu *Ehmke*, Wirtschaft und Verfassung, S. 269 ff., 412 ff.; *Deppeler*, Due Process of Law, passim; *v. Mangoldt*, Rechtsstaatsgedanke und Regierungsformen in den Vereinigten Staaten, I. Hauptteil, S. 11 ff.; *Mott*, Due Process of Law, passim.

[38] Vgl. BVerfGE 7, 89, 92 f. und oben S. 114 ff. zu den dem Normaltypus der Rechtsstaatlichkeit zuzuordnenden Standards.

[39] Dagegen zu Recht *Forsthoff*, Verfassungsauslegung, bes. S. 34; *Lerche*, a.a.O., S. 695.

[40] Vgl. *Lerche*, a.a.O., S. 698 für den Normalmaßstab der Bundestreue.

[41] a.a.O., S. 40.

pretationsmethoden und die Gesetzesanwendung im Sinne der Subsumtionslogik sind jedenfalls nicht das einzige Verfahren, „den Sinn des Gesetzes von dem gegebenen Fall her und um dieses Falles willen" aufzufassen[42].

Mit größerer Berechtigung kann das typologische Denken als Auffassung der Norm vom aktuellen Fall her gewertet werden: durch Typeninklusion wird die Standardnorm verändert und aktualisiert, erst in der Applikation im konkreten Fall empfängt sie ihren aktuellen Gehalt. Man mag darin die „Auflösung des Verfassungsgesetzes in Kasuistik"[43] sehen. Aber diese Kasuistik ist nicht dezisionistischer Pointillismus[44], sondern sie bildet bei richtiger Handhabung des typologischen Verfahrens ein in sich widerspruchsfreies, aber nicht systematisch geschlossenes Gefüge von Typenzusammenhängen, das ohne weiteres Maßstäbe für künftige Entscheidungen zu liefern vermag[45].

Auch wird der Verfassung durch das Standarddenken nicht der Charakter einer ordnungsstiftenden Dezision genommen und die Entscheidung damit einfach dem Interpreten überlassen[46]. Der Widerspruch zwischen der Funktion der Verfassung als einmaliger, eine dauerhafte Ordnung begründender Dezision und der mit dem Geltungsanspruch für eine unbegrenzte Zukunft gegebenen Notwendigkeit stetiger Anpassung an nicht vorhersehbare Veränderungen der sozialen Realität[47] wird im typologischen Denken aufgelöst. Die logische Struktur des Typus bietet die Möglichkeit, Identität und Veränderung zusammenzudenken. Der Typus ist die bei stetem Wandel der Einzelerscheinungen beharrende Struktur, die zwar ebenfalls nicht von absolut starrer Konstanz, sondern kontinuierlichem Wandel unterworfen ist, dabei aber stets ihre Identität bewahrt. Typenbilder können sich infolge der Veränderungen der Einzelerscheinungen stetig verschieben, aber dennoch jeweils identische Sinngebilde bleiben.

---

[42] Es ist sicherlich von *Gadamer*, a.a.O., S. 308, auf den Forsthoff sich hier beruft, gerade nicht gemeint, denn die auf dem Heideggerschen Ansatz beruhende Interpretationslehre Gadamers ist als Abwendung von der romantischen Hermeneutik Schleiermachers und damit Savignys zu werten, vgl. *Gadamer*, a.a.O., bes. S. 172 ff., 280 f., 309.
[43] *Forsthoff*, Umbildung, S. 55, 60.
[44] Wie sie *Forsthoff* offenbar versteht, vgl. Verwaltungsrecht, Bd. I S. 6, dagegen zutreffend die oben, S. 90 Anm. 107 aufgeführte Literatur, sowie *Bäumlin*, a.a.O., S. 39.
[45] Vgl. auch *Bäumlin*, a.a.O., S. 27 f., der von „entwurfshaften Teilantworten" spricht.
[46] Vgl. *Forsthoff*, Verfassungsauslegung, S. 33, 39; Umbildung, S. 54.
[47] Vgl. zur dialektischen Spannung zwischen Dauer und Veränderlichkeit der Verfassung bes. *von der Heydte*, in: ARSP Bd. 39, 1950/51, S. 461; *Ehmke*, a.a.O., S. 16; allgemein *Betti*, Das Problem der Kontinuität, S. 30 f.

Das Standarddenken ermöglicht damit die Vermittlung von statischem und dynamischem Verfassungsverständnis, der Auffassung der Verfassung als einer durch einmalige politische Dezision begründeten dauerhaften Ordnung mit der Einsicht ihrer Geschichtsunterworfenheit. Die Verfassung ist zu denken als einmalige, zukunftsweisende Entscheidung für bestimmte Normaltypen richtigen Verhaltens, die bei steter Aktualisierung im Integrationsvorgang und damit gegebener Anpassung an Veränderungen der sozialen Realität in ihrer typologischen Struktur identische Sinngebilde bleiben. Die verfassungsrechtlichen Standardnormen behalten deshalb bei richtiger Handhabung stetig steuernde Funktion, sie sichern der Verfassung stets normative, wirklichkeitsformende Kraft[48]. Der Norminhalt mag sich im Detail wandeln, das Typenbild im Ganzen und damit die Funktion der Standardnorm bleibt jedoch erhalten. Es bietet sich das Phänomen eines seine Identität stets bewahrenden, kontinuierlich weiter wachsenden Sinngebildes[49]. Statik und Dynamik, Gebundenheit und Freiheit sind im Standarddenken nicht unüberbrückbare Gegensätze. Der ständige staatliche Integrationsprozeß ist kein immer wieder neu — gleichsam angesichts einer tabula rasa — beginnender Vorgang, sondern er ist geschichtlich, d. h. durch die Vergangenheit vordeterminiert[50] und daher aufzufassen als stetige Realisierung der gleichen, zwar kontinuierlich sich verschiebenden, doch in sich identischen Normalverhaltenstypen.

Das typologische Verfahren bietet damit in Wahrheit ein größeres Maß an Festigkeit und Sicherheit als die Handhabung der starren Begriffslogik, bei der notwendig die Gefahr besteht, daß bei einem bestimmten Grad der Veränderung der sozialen Gegebenheiten die Norm die Realität nicht mehr zu durchformen vermag, so daß ein vollständiger Bruch mit der bisherigen Rechtstradition unvermeidlich wird[51]. Festigkeit und Sicherheit der Verfassung setzen voraus, daß sie wachstumsfähig ist[52]: „Stability can only be achieved through constant change, through the wise discarding of old ideas that have outlived their usefulness, and through the adapting of others to current facts", wie der amerikanische Bundesrichter Douglas treffend formuliert hat[53]. Die typologische Normstruktur gewährleistet diese Elastizität, ohne andererseits die Verfassung in Gefahr zu bringen, zum „Füllsal der Be-

---

[48] Dazu allgemein *Hesse*, Die normative Kraft der Verfassung, passim.
[49] Vgl. hierzu die treffende Unterscheidung Herbert *Krügers* in: DÖV 1961, S. 721, 725 zwischen identitätserhaltenden und identitätsbeeinträchtigenden Verfassungsänderungen.
[50] Vgl. auch *Bäumlin*, a.a.O., S. 20 f.
[51] Vgl. etwa *Hesse*, a.a.O., S. 16; *Lerche*, a.a.O., S. 692, 694, 699.
[52] *Hesse*, a.a.O.; *Ehmke* in: VVdDStRL 20, 68.
[53] In: 49 Col. L. R. (1949) S. 735; vgl. auch *Lerche*, a.a.O., S. 699.

2. Verfassungskonkretisierung durch Standarddenken

liebigkeiten"[54] zu werden und damit ihre Normativität zu verlieren. Standarddenken ist ein historisch ausgerichtetes Verfahren, ohne doch — jedenfalls bei richtiger Handhabung — der Gefahr historistischer Erstarrung zu erliegen. Es leistet die stetige Vermittlung der in der Vergangenheit vorgegebenen Normgehalte mit der Gegenwart. Ein in der Tradition vorgegebener, im allgemeinen Bewußtsein akzeptierter Katalog von konkreten Typenmustern richtigen oder nicht erlaubten Verhaltens aber bietet geradezu ein Höchstmaß an Sicherheit gegenüber der mit der Handhabung abstrakter Wertformeln notwendig gegebenen Vertauschbarkeit der Werte[55]. Den empirischen Beweis hierfür liefert die nirgends übertroffene Kontinuität der amerikanischen Verfassungsgeschichte[56].

Hinzu kommt ein Weiteres. Die wesentlichste Bestandssicherung einer Verfassung ist[57] der Wille der Staatsgenossen, an ihr festzuhalten und sie zu verteidigen. Es muß bezweifelt werden, daß eine logifizierte, zu einem Instrumentarium rechtstechnischer Kunstgriffe reduzierte Verfassung im allgemeinen Bewußtsein die zur Ausbildung eines ausreichenden „Willens zur Verfassung" führende Wertschätzung erlangen kann. Konkrete, griffige Typenmuster korrekten Verhaltens weisen dagegen einen hohen Grad verpflichtender Ausstrahlungskraft auf. Sie haben die Bedeutung realer Exempla — nicht bloß als möglich vorgestellter Beispiele[58] — die das in bestimmten Situationen geforderte, korrekte Verhalten verpflichtend einsichtig werden lassen und so dem Willen zur Verfassung positiven Anhalt bieten.

Nach alledem kann der These Forsthoffs, daß die gegenwärtig konstatierbare Normalisierung der Verfassungslage es zulasse, die Verfassung „wieder nach den alten, bewährten Regeln der juristischen Hermeneutik" zu interpretieren[59], nicht gefolgt werden. In Wahrheit sind unabhängig von der sozialen Realität jeweils nur bestimmte Teile der Verfassung — und zwar verhältnismäßig geringere als bei einfachen Gesetzen — dem begriffslogischen Instrumentarium zugänglich, während andere wegen ihrer typologischen Struktur der Konkretisierung durch den Prozeß der Typeninklusion bedürfen.

---

[54] Formulierung *Lerches*, a.a.O., S. 693.
[55] Dazu zutreffend *Forsthoff*, Verfassungsauslegung, S. 26 f.
[56] Vgl. *Ehmke*, Wirtschaft und Verfassung, S. 85; *Loewenstein*, Verfassungsrecht und Verfassungspraxis der Vereinigten Staaten, S. 426; *von Mangoldt*, Geschriebene Verfassung und Rechtsstaatsgedanke in den Vereinigten Staaten, S. 21.
[57] Wie sowohl *Forsthoff*, a.a.O., S. 28 als besonders *Hesse*, a.a.O., S. 12 hervorgehoben haben.
[58] Vgl. zum Unterschied zwischen Exempel und Beispiel: *Lipps*, Beispiel, Exempel, Fall und das Verhältnis des Rechtsfalles zum Gesetz, S. 5 ff., 13 f.
[59] Verfassungsauslegung, S. 34.

Im Ergebnis ist daher insbesondere festzustellen, daß die derzeitige Normallage die Möglichkeit bietet und damit zugleich die Aufgabe stellt, die typologischen, offenen Strukturen der Verfassung durch Zuordnung der — insbesondere vom einfachen Gesetzgeber verwirklichten — Normaltypen korrekten Verhaltens zu konkretisieren, d. h. mit Substanz zu füllen. Dies bedeutet, unter Verzicht auf notwendig einseitige axiomatische Grundlegungen durch Gewinnung praktischer Konsonanz im Ergebnis[60] einen Katalog von Standards — Normaltypen korrekten Verhaltens — aus der Mannigfaltigkeit der Einzelakte abzuheben und damit praktikable Maßstäbe für künftige Problemlösungen zu sichern.

---

[60] Vgl. bes. *Lerche*, a.a.O., S. 696 f., dessen Forderung nach diszipliniertem Ansichtendenken gleichsam als Bodenbereitung für das hier in Rede stehende Standarddenken erscheint; ferner *Bachof*, a.a.O., S. 40 f., zum Mindestmaß an Übereinstimmung aller Billig- und Gerechtdenkenden als Notwendigkeit der Staatsordnung; *Bäumlin*, a.a.O., S. 27, dazu *v. Pestalozza*, a.a.O., S. 430, 432.

Literaturverzeichnis

Allen: Law in the Making, 7. Aufl. 1964.
— Precedent and Logic, in: 41 Law Quarterly Review (L. Q. R.), S. 340 (1925).
Al Sanhoury: Le Standard juridique, in: Recueil d'Études sur les Sources du Droit en l'Honneur de François Geny, Tome 2, 1934, S. 144 ff.
— Les Restrictions contractuelles à la Liberté individuelle de Travail dans la Jurisprudence anglaise, Tome 1, Paris 1925.
Aristoteles: Philosophische Werke, herausgegeben von Eugen Rolfes, Bd. III, Organon, 5, Sondertitel: Topik, 2. Aufl. 1922.
— Nikomachische Ethik, Artemis-Ausgabe, neu übertragen von Olof Gigon, 1951.
Aster von: Naturphilosophie, 1932.
Bachof: Grundgesetz und Richtermacht, 1959.
Bäumlin: Staat, Recht und Geschichte, 1961.
Bartholomeyczik: Die Kunst der Gesetzesauslegung, 3. Aufl., 1965.
Baumgarten: Die Wissenschaft vom Recht und ihre Methode, Bd. I, 1920.
Becker, W. G.: Gegenopfer und Opferverwehrung, 1958.
— Rerum Notitia — Die Entscheidung aus dem Sachverhalt, in: Juristische Rundschau, 1949, S. 489 ff., 523 ff.; 1950, S. 5 ff.
— Das Common Law als Methode der Rechtsfindung, in: Veröffentlichungen der Berliner Kundgebung 1952 des Deutschen Juristentages, 1952, S. 35 ff.
— Observations on Legal Reasoning, in: 18 Univ. of Chicago Law Review, S. 394 ff. (1951).
— Rechtsvergleichende Notizen zur Auslegung, in: Festschrift für Heinrich Lehmann zum 80. Geburtstag, 1956, S. 70 ff.
Beling: Lehre vom Verbrechen, 1906.
Bergfeld: Der Begriff des Typus, 1933.
Bettermann: Verwaltungsakt und Richterspruch, in: Gedächtnisschrift für Walter Jellinek, 1955, S. 361 ff.
Betti: Das Problem der Kontinuität im Lichte der rechtshistorischen Auslegung, 1957.
— Zur Grundlegung einer allgemeinen Auslegungslehre, in: Festschrift für Ernst Rabel, Bd. II, 1954, S. 79 ff.
Bierling: Juristische Prinzipienlehre, Bd. IV, 1911.
Black's Law Dictionary, 4th edition, 1951.
Bodenheimer: The Province of Jurisprudence, in: 46 Cornell Law Quarterly, 1960, S. 1 ff.

Boehmer, Gustav: Grundlagen der bürgerlichen Rechtsordnung, II. Bd., 1. Teil, 1952.

Boor, de: Die Methode des englischen Rechts und die deutsche Rechtsreform, 1934.

Brutau: La Jurisprudencia como fuente del Derecho, Barcelona o. J.

Bülow: Gesetz und Richteramt, 1885.

Burkamp: Logik, 1932.

Cahn (Herausgeber): Supreme Court and Supreme Law, 1954.

Cavers: Legal Education in the USA, 1960.

Cardozo: The Nature of the Judicial Process, Yale Paperback, 2nd printing, 1961.

— The Growth of the Law, 11th printing, 1961.

Chroust: On the Nature of Natural Law, in: Essays in Honor of Roscoe Pound, 1947, S. 70 ff.

Cohen, Morris H.: The Place of Logic in the Law, in: 29 Harvard Law Review, S. 622 ff., 1916.

Coing: Über einen Beitrag zur rechtswissenschaftlichen Grundlagenforschung, in: Archiv für Rechts- und Sozialphilosophie, Bd. 41, S. 436 ff., 1955.

— Grundzüge der Rechtsphilosophie, 1950.

— Die juristischen Auslegungsmethoden und die Lehren der allgemeinen Hermeneutik, 1959.

Corpus Juris Secundum, Vol. 81, 1953.

Corwin: The Supreme Court and the Fourteenth Amendment, in: 7 Michigan Law Review, S. 643 ff. (1909).

Dahm: Der Tätertyp, 1940.

Deppeler: Due Process of Law, 1957.

Dilthey: Beiträge zum Studium der Individualität, 1895/96, abgedruckt in: Gesammelte Schriften, Bd. V — Die geistige Welt, 1924, S. 251 ff.

Douglas: Stare Decisis, in: 49 Columbia Law Review (Col. L. R.), S. 735 ff. (1949).

— The Dissent: a safeguard of democracy, in: 32 American Judicial Society Review, S. 104 ff. (1948).

Drath: Die Grenzen der Verfassungsgerichtsbarkeit, in: Veröffentlichungen der Vereinigung der deutschen Staatsrechtslehrer, Bd. 9, S. 17 ff. (1952).

Ehmke: Prinzipien der Verfassungsinterpretation, in: Veröffentlichungen der Vereinigung der deutschen Staatsrechtslehrer, Bd. 20, 1963, S. 53 ff.

— Wirtschaft und Verfassung, 1961.

Ehrlich: Grundlegung der Soziologie des Rechts, 1913.

Eichenberger: Die richterliche Unabhängigkeit als staatsrechtliches Problem, 1960.

Engisch: Die Idee der Konkretisierung in Recht und Rechtswissenschaft unserer Zeit, 1953.

— Logische Studien zur Gesetzesanwendung, 3. Aufl., 1963.

— Einführung in das juristische Denken, 2. Aufl., 1956.

Engisch: Die normativen Tatbestandselemente im Strafrecht, in: Festschrift für Edmund Mezger zum 70. Geburtstag, 1954, S. 127 ff.
— Die Einheit der Rechtsordnung, 1935.

Enneccerus-Nipperdey: Lehrbuch des bürgerlichen Rechts, I. Bd. Allgemeiner Teil, 1. Halbband, 1959.

Erdmann, Benno: Theorie der Typeneinteilungen, in: Philosophische Monatshefte, Bd. XXX, 1894, S. 15 ff., S. 129 ff.
— Logik, 3. Aufl. 1923.

Esser: Grundsatz und Norm in der richterlichen Fortbildung des Privatrechts, 2. Aufl. 1965.
— Schuldrecht, 2. Aufl. 1960.
— Interpretation im Recht, in: Studium Generale, 1954, S. 372 ff.
— Zur Methodenlehre des Zivilrechts, in: Studium Generale, 1959, S. 97 ff.
— Interpretation und Rechtsneubildung im Familienrecht, in: Juristenzeitung 1953, S. 521 ff.
— Einführung in die Grundbegriffe des Rechtes und Staates, 1949.
— Besprechung von Wilburg, Entwicklung eines beweglichen Systems im bürgerlichen Recht, in: Zeitschrift für ausländisches und internationales Privatrecht (Rabels Zeitschrift), Bd. 18, 1953, S. 165 ff.

Flume: Steuerwesen und Rechtsordnung, in: Rechtsprobleme in Staat und Kirche, Festschrift für Rudolf Smend, 1952, S. 59 ff.

Forsthoff: Zur Problematik der Verfassungsauslegung, 1961.
— Lehrbuch des Verwaltungsrechts, Bd. I, 7. Aufl. 1958.
— Begriff und Wesen des sozialen Rechtsstaates, in: Veröffentlichungen der Vereinigung der deutschen Staatsrechtslehrer, Bd. 12, S. 1 ff., 1955.
— Der introvertierte Rechtsstaat und seine Verortung, in: Der Staat, 2. Bd., 1963, S. 385 ff.
— Die Umbildung des Verfassungsgesetzes, in: Festschrift für Carl Schmitt, S. 35 ff., 1959.
— Über Maßnahmegesetze, in: Forschungen und Berichte aus dem öffentlichen Recht, Gedächtnisschrift für Walter Jellinek, 1955, S. 221 ff.

Frank, Jerome: Law and the Modern Mind, 6. Aufl. 1949.

Frankfurter-Landeis: The Supreme Court under the Judiciary Act of 1925, in: 42 Harvard Law Review (1928), S. 15 ff.

Freund, Ernst: Standards of American Legislation, 3rd Impr., 1931.

Fries, Jacob Friedrich: System der Logik, 3. Aufl. 1837.

Fuller: Reason and Fiat in Case Law, in: 59 Harvard Law Review, S. 376 ff. (1946).

Gadamer: Wahrheit und Methode, 1960.

Geny: Méthode d'Interprétation et Sources en Droit Privé Positif, 2. Aufl. 1919.

Germann: Zur Überwindung des Positivismus im Schweizerischen Recht, in: Hundert Jahre Schweizerisches Recht, 1952, S. 99 ff.
— Methodische Grundfragen, 1946.

Goldschmidt, James: Der Prozeß als Rechtslage, Neudruck 1962 der Ausgabe von 1925.

Gray: The Nature and Sources of the Law, 2. Aufl. 1948.

Grünhut: Begriffsbildung und Rechtsanwendung im Strafrecht (Recht und Staat, Bd. 41), 1926.

Haller: Typus und Gesetz in der Nationalökonomie, 1950.

Hart: Foreword; The Time Chart of the Justices, in: 73 Harvard Law Review, S. 84 ff. (1959).

Haug: Zur verfassungsrechtlichen Bedeutung der objektiven Auslegung von Gesetzen, in: Die öffentliche Verwaltung, 1962, S. 329 ff.

Hauriou: Police juridique et Fond du Droit, in: Revue trimesterielle de Droit Civil, Bd. 25, 1926, S. 265 ff.

Heck: Grundriß des Schuldrechts, 1929.

— Gesetzesauslegung und Interessenjurisprudenz, in: Archiv für die civilistische Praxis, Bd. 112, 1914, S. 1 ff.

— Das Problem der Rechtsgewinnung, 2. Aufl. 1932.

Hedemann: Die Flucht in die Generalklauseln, 1933.

Heidegger: Sein und Zeit, 1. Hälfte, unveränderte 4. Aufl. 1935.

Heller: Staatslehre, 1934.

— Bemerkungen zur staats- und rechtstheoretischen Problematik der Gegenwart, in: Archiv des öffentlichen Rechts, N. F., Bd. 16, 1928, S. 321 ff.

Hempel-Oppenheim: Der Typusbegriff im Lichte der neuen Logik; wissenschaftstheoretische Untersuchungen zur Konstitutionsforschung und Psychologie, 1936.

Hesse: Die normative Kraft der Verfassung, 1959.

Heyde, Joh's Erich: Typus — ein Beitrag zur Typologik, in: Studium Generale, Bd. V, 1952, S. 235 ff.

Heydte, von der: Stiller Verfassungswandel und Verfassungsinterpretation, in: Archiv für Rechts- und Sozialphilosophie, Bd. 39, S. 461 ff. (1950).

Heyse: Fremdwörterbuch, 21. Aufl. 1922.

Hippel, F. von: Richtlinie und Kasuistik im Aufbau von Rechtsordnungen, erstmals 1942, abgedruckt in: Rechtstheorie und Rechtsdogmatik, 1964, S. 149 ff.

Hoeniger: Riskante Rechtsausübung (Recht und Staat, Bd. 8), 1917.

Hollerbach: Auflösung der rechtsstaatlichen Verfassung?, in: Archiv des öffentlichen Rechts, Bd. 85, S. 241 ff., 1960.

Holmes, O. W.: The Common Law, 48. Neudruck, Boston o. J.

Hoover, Herbert: The Challenge to Liberty, 1934.

Horn: Untersuchungen zur Struktur der Rechtswidrigkeit, 1962.

Huber, Hans: Die Verfassungsbeschwerde, 1954.

— Probleme des ungeschriebenen Verfassungsrechts, in: Rechtsquellenprobleme im Schweizerischen Recht, 1955, S. 95 ff.

— Niedergang des Rechts und Krise des Rechtsstaates, in: Demokratie und Rechtsstaat, Festgabe zum 60. Geburtstag von Zaccaria Giacometti, 1953, S. 59 ff.

Huber-Mutzner: System und Geschichte des Schweizerischen Privatrechts, Bd. I, 1932/33.
Husserl, Edmund: Erfahrung und Urteil, 1948.
Husserl, G.: Recht und Zeit, 1955.
Hutcheson: The Judgment Intuitive; the Function of the „Hunch" in Judicial Decision, in: Recueil Geny, Tome II, 1934, S. 531 ff.
Ipsen: Verfassungsfragen zur Handwerksordnung, in: Deutsches Verwaltungsblatt, 1956, S. 358 ff.
Isay: Rechtsnorm und Entscheidung, 1929.
Isele: Geschäftsbesorgung, 1935.
Jaspers: Die Schuldfrage, 1946.
— Psychopathologie, 4. Aufl. 1946.
— Einführung in die Philosophie, 1953.
Jellinek, Georg: Allgemeine Staatslehre, 3. Aufl. 1914.
Jellinek, Walter: Gesetz, Gesetzesanwendung und Zweckmäßigkeitserwägung, 1913.
Jesch: Unbestimmter Rechtsbegriff und Ermessen in rechtstheoretischer und verfassungsrechtlicher Sicht, in: Archiv des öffentlichen Rechts, Bd. 82, 1957, S. 163 ff.
— Gesetz und Verwaltung, 1961.
— Die Bindung des Zivilrichters an Verwaltungsakte, 1956.
Jevons, W. St.: The Principles of Science, London 1883.
Kägi: Die Verfassung als rechtliche Grundordnung des Staates, 1945.
Kant: Kritik der Urteilskraft, Bd. 7 der Gesamtausgabe von Hartenstein, Leipzig 1839.
Kaplan: Trial by Jury, in: Talks on American Law (Berman Ed.), S. 44 ff., 1961.
Kaufmann, Erich: Kritik der Neukantischen Rechtsphilosophie, 1921.
— Die Grenzen der Verfassungsgerichtsbarkeit, in: Veröffentlichungen der Vereinigung der deutschen Staatsrechtslehrer, Bd. 9, 1952, S. 1 ff.
— Règles Générales du Droit de la Paix, in: Académie de Droit International, Recueil des Cours, 1935, Bd. IV, S. 313 ff.
Kelsen: Hauptprobleme der Staatsrechtslehre, 1911.
— General Theory of Law and State, 1949.
— Reine Rechtslehre, 2. Aufl. 1960.
Kirchheimer: Prinzipien der Verfassungsinterpretation in den Vereinigten Staaten, in: Jahrbuch des öffentlichen Rechts, N. F., Bd. 11, 1962, S. 93 ff.
Kiß, G.: Gesetzesauslegung und ungeschriebenes Recht, in: Iherings Jahrbücher, Bd. 58, 1911, S. 413 ff.
Köhler, Karl-Heinz von: Die Zeit als Faktor des Verwaltungsrechts, in: Verwaltungsarchiv, Bd. 50, S. 213 ff., 1959.
Konstam, J.: Note in: 60 Law Quarterly Review, S. 232 ff. (1944).
Kretschmer: Körperbau und Charakter, 17./18. Aufl. 1944.
— Der Typus als erkenntnistheoretisches Problem, in: Studium Generale, Bd. IV, 1951, S. 399 ff.

Krüger, Herbert: Verfassungsänderung und Verfassungsauslegung, in: Die öffentliche Verwaltung, 1961, S. 721 ff.

Langenscheidts Deutsches Wörterbuch, 1. Aufl. 1955.

Larenz: Methodenlehre der Rechtswissenschaft, 1960.

— Typologisches Rechtsdenken, in: Archiv für Rechts- und Sozialphilosophie, Bd. XXXIV, 1940/41, S. 20 ff.

Laun von: Stare Decisis, 2. Aufl. 1947.

— Zum Problem des freien Ermessens, in: Festschrift für Zitelmann, 1913.

— Das freie Ermessen und seine Grenzen, 1910.

Lehmann, Heinrich: Der allgemeine Teil des BGB, 12. Aufl. 1960.

Leisner: Betrachtungen zur Verfassungsauslegung, in: Die öffentliche Verwaltung, 1961, S. 641 ff.

— Grundrechte und Privatrecht, 1960.

Lerche: Übermaß und Verfassungsrecht, 1961.

— Stil, Methode, Ansicht, in: Deutsches Verwaltungsblatt, 1961, S. 690 ff.

— Rechtsprobleme der wirtschaftslenkenden Verfassung, in: Die öffentliche Verwaltung, 1961, S. 486 ff.

Less: Vom Wesen und Wert des Richterrechts, 1954.

Levi: An Introduction to Legal Reasoning, 7. Aufl. 1961.

Lipps: Beispiel, Exempel, Fall und das Verhältnis des Rechtsfalles zum Gesetz, 1931.

Llewellyn: The Bramble Bush, 1951.

— Präjudizienrecht und Rechtsprechung in Amerika, Bd. I, 1933.

Loewenstein: Verfassungsrecht und Verfassungspraxis der Vereinigten Staaten, 1959.

Lotze: Logik (System der Philosophie, Bd. I) Ausgabe Misch, 1912.

Lundstedt: The General Principles of Civil Liability in Different Legal Systems, in: Mémoires de l'Académie Internationale de Droit Comparé, Bd. II, Teil II, Paris 1934, S. 367 ff.

Mackensen: Deutsches Wörterbuch, 1962.

MacMillan: Deux Manières de Penser, in: Recueil Lambert, Bd. II, 1938, S. 3 ff.

Maier, Heinrich: Philosophie der Wirklichkeit, Bd. I, 1926; Bd. II, 1934.

Maihofer: Recht und Sein, 1954.

Maunz-Dürig: Grundgesetz, Kommentar, 1958 ff.

Mangoldt von: Rechtsstaatsgedanke und Regierungsformen in den Vereinigten Staaten von Amerika, 1938.

— Geschriebene Verfassung und Rechtssicherheit in den Vereinigten Staaten von Amerika, 1934.

Mangoldt von - Klein: Grundgesetz — Kommentar, 1. Bd., 2. Aufl. 1957, 2. Bd., 2. Aufl. 1964.

Matich: Die Entwicklung der vergleichenden Wirtschaftstheorie, in: Staatswissenschaftliche Beiträge, Heft V, 1921, S. 1 ff.

Maury: Observations sur les modes d'expression du Droit: Règles et directives, in: Introductions a l'Étude du Droit Comparé, Recueil d'Études en l'honneur d'Edouard Lambert (Recueil Lambert), Tome 1, Paris 1938, S. 420 ff.

Mayer, M. E.: Der allgemeine Teil des deutschen Strafrechts, 1915.

Mayer, Otto: Deutsches Verwaltungsrecht, 3. Aufl. 1924.

McWhinney: The Supreme Court and the Dilemma of Judicial Policy-Making, in: 39 Minnesota Law Review, S. 837 ff. (1955).

Mehren von: The Judicial Process in the United States and Germany, in: Festschrift für Ernst Rabel, Bd. I, 1954, S. 67 ff.

Meier-Hayoz: Der Richter als Gesetzgeber, 1951.

Meinecke, F.: Geistige Arbeit, 1942, Heft 10.

Merkl: Allgemeines Verwaltungsrecht, 1927.

Meyer, H.: Geschichte der abendländischen Weltanschauungen, Bd. V, 1949.

Mezger: Vom Sinn der strafrechtlichen Tatbestände, 1926.

— Der Begriff der Rechtsquelle, in: Festgabe für Heck, Rümelin und Schmidt, 1932, S. 19 ff.

Mises, L. von: Human Action, New Haven 1949.

Montesquieu: De l'Esprit des Lois, Auswahl mit Einleitung und Anmerkungen von Dr. Karl Schewe, 1908.

Mott: Due Process of Law, 1926.

Müller, H. I.: Subjektive und objektive Auslegungstheorie in der Rechtsprechung des Bundesverfassungsgerichts, in: Juristenzeitung 1962, S. 471 ff.

Muller and *Schwartz:* The Principle of Neutral Principles, in: 7 University of California in Los Angeles (U. C. L. A.) Law Review, 1960, S. 571 ff.

Neumann-Duesberg: Gerichtliche Ermessensentscheidung nach §§ 315 ff. BGB, in: Juristenzeitung 1952, S. 705 ff.

Niese: Doppelfunktionelle Prozeßhandlungen, 1950.

Nietzsche: Wille zur Macht, Versuch einer Umwertung aller Werte, Kröners Taschenausgabe, Bd. 78, 1930.

Ohlmer: Richterfreiheit und Begründungspflicht, Diss., Mainz 1953.

The Pocket OXFORD Dictionary, 4th edition, 1953.

Pekelis: Law and Social Action, 1950.

Pestalozza, Graf von: Kritische Bemerkungen zur Grundrechtsauslegung, in: Der Staat, Bd. II, 1963, S. 425 ff.

Peters: Typen und Normen, in: Zeitschrift für Psychologie, Bd. 127, 1933, S. 92 ff.

Pfister, Bernhardt: Die Entwicklung zum Idealtypus, 1928.

Pound: The Administrative Application of Legal Standards, in: Reports of the American Bar Association, Vol. 44, 1919, S. 445 ff.

— The Theory of Judicial Decision, in: 36 Harvard Law Review, 1923, S. 940 ff.

— An Introduction to the Philosophy of Law, Yale-Paperback, 1959.

— The Scope and Purpose of Sociological Jurisprudence, in: 24 Harvard Law Review, 1910, S. 591 ff.; 25 Harvard Law Review, 1911/12, S. 140 ff., S. 489 ff.

Pound: Common Law and Legislation, in: 21 Harvard Law Review, S. 383 ff. (1908).
— Mechanical Jurisprudence, in: 8 Columbia Law Review, S. 605 ff. (1908).
— The Future of the Common Law, in: 7 Nebraska Law Bulletin, S. 107 ff. (1928).
Rabel: Deutsches und amerikanisches Recht, in: Zeitschrift für ausländisches und internationales Privatrecht (Rabels Zeitschrift), Bd. 16, 1951, S. 340 ff.
Radbruch: Rechtsphilosophie, 5. Aufl. 1956.
— Der Mensch im Recht, 1957.
— Klassenbegriffe und Ordnungsbegriffe im Rechtsdenken, in: Internationale Zeitschrift für Theorie des Rechts, Bd. XII, 1938, S. 46 ff.
— Der Geist des englischen Rechts, 3. Aufl. 1956.
— Einführung in die Rechtswissenschaft, 9. Aufl. 1952, herausgegeben von Zweigert.
Radin: The Trail of the Calf, in: 32 Cornell Law Quarterly, S. 137 ff. (1946).
Reichsgerichtsräte-Kommentar zum BGB, 1. Bd. 1. Teil, bearbeitet von Denecke (RGRK), 11. Aufl. 1959.
Reuss: Das Ermessen, in: Deutsches Verwaltungsblatt, 1953, S. 585 ff.
— Der unbestimmte Rechtsbegriff, in: Deutsches Verwaltungsblatt 1953, S. 649 ff.
Rheinstein: Die Struktur des vertraglichen Schuldverhältnisses im angloamerikanischen Recht, 1932.
Rickert: Der Gegenstand der Erkenntnis, 2. Aufl., 1904.
— System der Philosophie, Bd. 1, 1921.
— Die Grenzen der naturwissenschaftlichen Begriffsbildung, 5. Aufl. 1929.
— Zur Lehre von der Definition, 2. Aufl. 1915.
Ritter, Klaus: Zwischen Naturrecht und Rechtspositivismus, 1956.
Rossel-Mentha: Manuel du Droit Civil Suisse, Bd. I, o. J.
Rostow: The Democratic Character of Judicial Review, in: 66 Harvard Law Review (1952), S. 193 ff.
Roth, Andreas H.: The Minimum Standard of International Law Applied to Aliens, 1949.
Rothacker, Erich: Die dogmatische Denkform in den Geisteswissenschaften und das Problem des Historismus, in: Akademie der Wissenschaften und der Literatur, Mainz, Abhandlungen der geistes- und sozialwissenschaftlichen Klasse, Jg. 1954, Heft 6.
Rümelin: Der Vorentwurf des Schweizerischen Zivilgesetzbuches und seine Bedeutung für uns, 1908.
Ryffel: Der Wertpluralismus unserer Zeit als philosophisches Problem, in: Archiv für Rechts- und Sozialphilosophie, Bd. 42, 1956, S. 305 ff., S. 507 ff.
Sauer, Wilhelm: Über das Sachliche, in: Zeitschrift für philosophische Forschung, Bd. XI, 1957, S. 54 ff.
— Die grundsätzliche Bedeutung der höchstrichterlichen Rechtsprechung für Praxis und Wissenschaft, in: Die Reichsgerichtspraxis im deutschen Rechtsleben (Reichsgerichtsfestgabe) Bd. I, 1929, S. 122 ff.

Sauer, Wilhelm: Juristische Methodenlehre, 1940.
— Grundprobleme der Rechtsprechung nach deutschem und englischem Rechtsdenken, in: Juristische Rundschau 1949, S. 129 ff.

Savigny: System des heutigen Römischen Rechts, Bd. I, 1840.

Schack: Der rationale Begriff des Wirtschaftsmenschen, in: Jahrbücher für Nationalökonomie und Statistik, Bd. 122, 1924, S. 441 ff.

Scheuerle, W. A.: Rechtsanwendung, 1952.

Scheuner: Berufsständische Versorgungseinrichtungen und Grundgesetz, in: Aktuelle Probleme der Versicherungswirtschaft, 1954, S. 95 ff.
— Die institutionellen Garantien des Grundgesetzes, in: Recht — Staat — Wirtschaft, Bd. IV, S. 88 ff., 1953.
— Die Auslegung verfassungsrechtlicher Leitgrundsätze, 1952.
— Die staatliche Intervention im Bereich der Wirtschaft, in: Veröffentlichungen der Vereinigung der deutschen Staatsrechtslehrer, Heft 11, 1954, S. 1 ff.
— Zur Frage der Grenzen der Nachprüfung des Ermessens durch die Gerichte, in: Verwaltungsarchiv, Bd. 33, S. 68 ff.
— Naturrechtliche Strömungen im heutigen Völkerrecht, in: Zeitschrift für ausländisches öffentliches Recht und Völkerrecht, Bd. XIII, 1950/51, S. 566 ff.

Schieder: Der Typus in der Geschichtswissenschaft, in: Studium Generale, Bd. V, 1952, S. 228 ff.

Schmidt, Eberhard: Lehrkommentar zur Strafprozeßordnung und zum Gerichtsverfassungsgesetz, Bd. I, 1952.

Schmitt, Carl: Über die drei Arten des rechtswissenschaftlichen Denkens, 1934.

Schulz, Fritz: Principles of Roman Law, 1936.

Schwinge: Grundlagen des Revisionsrechts, 2. Aufl. 1960.

Seiffert, August: Die kategoriale Stellung des Typus, 1953.

Seiterich: Die logische Struktur des Typusbegriffs bei W. Stern, E. Spranger und Max Weber, Freiburger Dissertation 1930.

Shartel: Our Legal System and How it Operates, 1952.

Sigwart: Logik, Bd. 1 u. 2, 5. Aufl. 1924.

Smend: Verfassung und Verfassungsrecht, 1928.

Spiegel: Gesetz und Recht, 1913.

Spranger, Eduard: Lebensformen, 7. Aufl. 1930.

Stati: Le Standard juridique, Dissertation, Paris 1927.

Staudinger-Werner: BGB-Kommentar, II. Bd., Teil 1 B, 11. Aufl. 1961.

Steindorff: Der unbestimmte Rechtsbegriff im Lichte der französischen und amerikanischen Verwaltungsrechtsprechung, in: Deutsches Verwaltungsblatt, 1954, S. 110 ff.

Stern, William: Die differentielle Psychologie in ihren methodischen Grundlagen, 3. Aufl. 1921.

Stoljahr: The Logical Status of a Legal Principle, in: 20 University of Chicago Law Review, S. 186 ff. (1953).

Stoll: Rechtsstaatsidee und Privatrechtslehre, in: Iherings-Jahrbücher, Bd. 76, 1926, S. 134 ff.

— Begriff und Konstruktion in der Lehre der Interessenjurisprudenz, in: Festgabe für Heck, Rümelin und Schmidt, 1931, S. 60 ff.

Stone: The Province and Function of Law, 2. Aufl. 1950.

— Fallacies of the Logical Form in English Law, in: Essays in Honor of Roscoe Pound, 1947, S. 696 ff.

Stratenwerth: Das rechtstheoretische Problem der Natur der Sache, 1957.

Strunz: Zur Methodologie der psychologischen Typenforschung, in: Studium Generale, Bd. IV, 1951, S. 402 ff.

Tezner: Die deutschen Theorien der Verwaltungsrechtspflege, in: Verwaltungsarchiv, Bd. 9, 1901, S. 515 ff.

Thoma: Besprechung zu: von Laun, Freies Ermessen, in: Verwaltungsarchiv, Bd. 20, S. 444 ff., 1912.

Tietz, Bruno: Bildung und Verwendung von Typen in der Betriebswirtschaftslehre, Diss., Saarbrücken 1960.

Topitsch, E.: Über Leerformeln, in: Probleme der Wissenschaftstheorie, Festschrift für Viktor Kraft, 1960, S. 233 ff.

Triepel: Staatsrecht und Politik, 1926.

Troll: Biomorphologie und Biosystematik als Typologische Wissenschaften, in: Studium Generale, Bd. IV, 1951, S. 376 ff.

Troll-Meister: Wesen und Aufgabe der Biosystematik in ontologischer Beleuchtung, in: Philosophische Jahrbücher, Bd. 61, 1951.

Trübners Deutsches Wörterbuch, 1955.

Überweg: Logik, 4. Aufl. 1874.

Ule: Über die Auslegung der Grundrechte, in: Archiv des öffentlichen Rechts, N. F., Bd. 21, 1932, S. 50 ff.

Verdross: Les Règles internationales concernant le Traitement des Etrangers, in: Académie de Droit International, Recueil des Cours, Bd. 37 III, 1931, S. 327 ff.

— La jouissance et l'exercice des droits civils par rapport à la nationalité, in: Actes du Congrès International de Droit Privé, Bd. 2 der Reihe des Instituts für Privatrechtsvergleichung, 1951, S. 83 ff.

Viehweg: Zur Geisteswissenschaftlichkeit der Rechtsdisziplin, in: Studium Generale, Bd. XI, 1958, S. 334 ff.

— Topik und Jurisprudenz, 2. Aufl. 1963.

— Zwei Rechtsdogmatiken, in: Philosophie und Recht, Festschrift für C. A. Emge, S. 106 ff., 1960.

Vierhaus, F.: Über die Methode der Rechtsprechung, 1911.

Waline: Deux grands publicistes français, in: L'année politique française et étrangère, Bd. 5, 1930, S. 41 ff.

Weber, Max: Die Objektivität sozialwissenschaftlicher und sozialpolitischer Erkenntnis, in: Gesammelte Aufsätze zur Wissenschaftslehre, 1922, S. 180 ff.

The New American WEBSTER Dictionary, 2nd printing, 1951.

Wechsler, Herbert: Principles, Politics and Fundamental Law, 1961.

Wehli: Beiträge zur Analyse der Urteilsfindung, in: Festschrift für Adolf Wach, I. Bd., S. 405 ff., 1913.

Weigelin: Lücken im Recht, in: Iherings Jahrbücher, N. F., Bd. 52, 1940, S. 1 ff.

Weischedel: Recht und Ethik, 1956.

Weizsäcker, C. F. von: Zum Weltbild der Physik, 5. Aufl. 1951.

Wellek: Typus und Struktur, in: Archiv für die gesamte Psychologie, Bd. 100. 1938, S. 465 ff.

Welzel: Naturalismus und Wertphilosophie im Strafrecht, 1935.

— Um die finale Handlungslehre, 1949.

— Naturrecht und Rechtspositivismus, in: Festschrift für Niedermeyer, 1953. S. 290 ff.

— Naturrecht und materiale Gerechtigkeit, 3. Aufl. 1960.

Wengler: Völkerrecht, Bd. II, 1964.

— Über die Unbeliebtheit der Juristen, in: Neue Juristische Wochenschrift 1959, S. 1705 ff.

— Die Anpassung des englischen Rechts durch die Judikatur in den Vereinigten Staaten, in: Festschrift für Ernst Rabel, Bd. I, 1954, S. 39 ff.

Whewell: Geschichte der inductiven Wissenschaften, erstmals London 1837.

Wieacker: Gesetz und Richterkunst, 1957.

— Privatrechtsgeschichte der Neuzeit, 1952.

— Zur rechtstheoretischen Präzisierung des § 242 BGB, 1956.

Windelband: Über Norm und Normalität, in: Monatsschrift für Kriminalpsychologie und Strafrechtsreform, Bd. 3, 1907, S. 1 ff.

Wolf, Erik: Der Sachbegriff im Strafrecht, in: Die Reichsgerichtspraxis im deutschen Rechtsleben, Bd. V, 1929, S. 44 ff.

— Die Typen der Tatbestandsmäßigkeit, 1931.

Wolff, H. J.: Typen im Recht und in der Rechtswissenschaft, in: Studium Generale, Bd. V, 1952, S. 195 ff.

Wundt: Logik, Bd. II, 4. Aufl. 1920.

Zitelmann: Die Kunst der Gesetzgebung, in: Jahrbuch der Gehe-Stiftung, Bd. X, 1904, S. 243 ff.

Zittel: Der Typus in der Geschichtswissenschaft, in: Studium Generale, Bd. V, 1952, S. 378 ff.

Zweigert: Juristische Interpretation, in: Studium Generale, Bd. 7, 1954, S. 380 ff.

Printed by Libri Plureos GmbH
in Hamburg, Germany